Mariola Malerek

Riesengebirge – Schlesischer Teil

Mariola Malerek

Riesengebirge
Schlesischer Teil

Laumann-Verlag

Dülmen

BILDNACHWEIS

Archiv Laumann: Seiten 37, 42, 131, 188

Stefan Arczyński, Breslau/Wrocław: Seite 90

J. Bruník, Spindlermühle/Špindlerův Mlýn: Seiten 135, 145, 170

Ryszard Czerwiński, Allenstein/Olsztyn: Seiten 17, 23, 47, 69 (beide),
89, 93, 118 (beide), 119 (oben), 122, 129, 133, 134, 146, 149, 156,
158, 167, 169, 171, 184

Waldemar Grzelak, Bad Warmbrunn/Jelenia Góra-Cieplice:
Seiten 2, 33, 34 (beide), 52, 55, 56, 62, 65, 67, 70, 75, 79, 82, 87,
88, 94, 95, 97, 104–106, 107 (beide), 111, 112, 115, 119 (unten), 125, 137,
140, 141 (oben), 142, 147, 150 (beide), 153 (beide), 168, 187, 189

Eberhard Jeschal, Hildesheim: Seite 128

Gregorz Kłosowski, Warschau/Warszawa:
Seiten 25 (beide), 68 (beide), 141 (unten), 159

J. Routtkay, Schreiberhau/Szklarska Poręba:
Seiten 96, 100, 152, 160, 161, 162 (beide), 164, 165

Antoni Witczak, Hirschberg/Jelenia Góra-Cieplice:
Umschlag (Schneekoppe) und Seiten 20 (alle), 21 (beide),
31, 49, 73, 80, 90 (oben), 99, 139, 155, 177, 178, 180, 181

6., völlig neu bearbeitete und erweiterte Auflage 1996

Copyright © 1990 by

Deutschland:
Laumann-Verlagsgesellschaft KG,
D-48249 Dülmen
ISBN 3-87466-131-8

Polen:
Wydawnictwo Laumann-Polska Sp. z o.o.
58-573 Piechowice,
ul. Żymierskiego 53a, skr. pocztowa 24,
Tel. (075) 54771, Fax (075) 54696
ISBN 83-85716-76-9

Gesamtherstellung:
Laumann-Druck KG, D-48249 Dülmen

Inhalt

Die bedeutendsten Sehenswürdigkeiten und
Naturschönheiten des Riesengebirges 7

Einige wichtige Hinweise für den Riesengebirgswanderer   9

ALLGEMEINER TEIL

Lage und geologischer Aufbau 11

Klima 15

Nationalpark 18

Flora 19

Fauna 24

Geschichte der Region 26

Wintersport 32

Rübezahl – Berggeist vom Riesengebirge 35

Schlesische Spezialitäten aus dem Riesengebirge 39

TOURISTISCHER TEIL

Hirschberg/Jelenia Góra 41

Bad Warmbrunn/Jelenia Góra-Cieplice 57

Ostteil des Riesengebirges mit dem Vorland

Eglitztal/Dolina Jedlicy 71

Lomnitz/Łomnica 71

Schmiedeberg/Kowary 72

Steinseiffen/Ściegny 79

Krummhübel/Karpacz 80

Arnsdorf/Miłków 102

Zillertal-Erdmannsdorf/Mysłakowice 103

Mittlerer Teil des Riesengebirges mit dem Vorland

Seidorf/Sosnówka 110

Baberhäuser/Borowice 113

Giersdorf/Podgórzyn 115

Hain/Przesieka 117

Saalberg/Zachełmie 121

Westteil des Riesengebirges mit dem Vorland

Hermsdorf/Jelenia Góra-Sobieszów 126

Burgruine Kynast/Chojnik 128

Agnetendorf/Piechowice-Jagniątków 130

Petersdorf/Piechowice 137

Kiesewald/Piechowice-Michałowice 144

Schreiberhau/Szklarska Poręba 148

Kammwanderung im Riesengebirge 159

Ausflüge/Radtouren in die Umgebung des Riesengebirges ... 173
Dampfloks – Fahrradwandern und Mountainbiking
Felsenstädte – Fürstenstein – Friedenskirchen – Grunau
Grüssau – Kreisau, Kreisauer Kreis – Mauer
Schlesisches Burgenland – Boberröhrsdorf/Siedlęcin
Zum Schluß einige wichtige Ratschläge

Literatur 191

Hinweise für Touristen 192

Kleines Wörterbuch 212

Index 213

Die bedeutendsten Sehenswürdigkeiten und Naturschönheiten des Riesengebirges

Die LAUBEN AM RING IN HIRSCHBERG (S. 46, 49, 56), der Laubenstadt unter den Städten Schlesiens

Die GNADENKIRCHE IN HIRSCHBERG (S. 53–55), die schönste der sechs Gnadenkirchen Schlesiens

Die KIRCHE WANG (S. 81–83), eine Perle unter den Stabholzkirchen, seit 1844 im Riesengebirge in Diensten der evangelischen Christen

Die SCHNEEKOPPE (S. 89–91), der pyramidenartige Berg der Sudeten, gehört zu den Wanderzielen ersten Ranges

Die HAMPELBAUDE (S. 94/95), eine alte Bergbaude mit uriger und rustikaler Innenausstattung

Die KLEINE TEICHBAUDE (S. 96), eine Berghütte im Riesengebirge mit gemütlicher Ausstattung und gutem Essen

Die BURGRUINE KYNAST (S. 128/129) »mit dem Geist der Fürstin Kunigunde« lädt zur Wanderung hinauf (627 m) ein

Das GERHART-HAUPTMANN-HAUS IN AGNETENDORF (S. 130–132), Wiesenstein genannt – hier verbrachte der Literaturnobelpreisträger beinahe ein halbes Jahrhundert

Die GLASHÜTTE IN PETERSDORF (S. 138), eines der bedeutendsten Beispiele für die seit dem 13./14. Jh. im Riesengebirge beheimatete Glasherstellung

Die SCHNEEGRUBEN (S. 146/147) – das unter Naturschutz stehende Doppelkar ist eines der faszinierendsten Wanderziele im Riesengebirge

Die KAMMWANDERUNG (S. 159–171) gehört zu den beliebtesten Wanderungen im Riesengebirge und bietet wunderbare Ausblicke auf die Täler zu beiden Seiten des Kammes

Außerhalb des Riesengebirges

Die FELSENSTÄDTE (S. 176–182) zählen zu den bedeutendsten Natur- und Kulturdenkmälern Mitteleuropas

Die FRIEDENSKIRCHEN (S. 182) – ein Relikt der habsburgischen Geschichte Schlesiens

Das SCHLOSS FÜRSTENSTEIN (S. 182), das größte Schloß Schlesiens, einst im Besitz der Fürsten von Hochberg und von Pleß

GRÜSSAU (S. 183), die prachtvollste Barockkirche Schlesiens, ein Baudenkmal ersten Ranges

Einige wichtige Hinweise
für den Riesengebirgswanderer

Die Grußformel auf der polnischen Seite des Riesengebirges lautet »dzień dobry«, auch »cześć«, »hej« oder »hallo!«, auf der tschechischen Seite »dobrý den« oder »ahoj!«. Während der Wanderungen werden Sie sicherlich feststellen, daß sehr viele Wanderer aus Deutschland kommen. Vor allem auf der böhmischen Seite des Riesengebirges wird man häufig den »Guten-Tag-Gruß« in sächsischer Mundart hören. Ein bayerisches »Grüß Gott« ist dagegen seltener!

Damit Sie sich sicher im Riesengebirge bewegen können, empfehlen wir, einige Grundsätze unbedingt zu beachten.

Der wichtigste lautet:
Sie sollten nie allein eine Bergwanderung
unternehmen!

1. Vor der Wanderung sollte man sich die vorgesehene Wanderroute zurechtlegen und dabei folgendes berücksichtigen: den Schwierigkeitsgrad, die Wanderzeit, den Zustand der Wanderwege, das Netz der Bergwachtstationen, die Wettervorhersage für den angegebenen Tag **(Achtung: Im Riesengebirge kommt es öfters zu plötzlichen Wetterumschlägen!).** Einer Ihnen bekannten Person sollten der Wanderweg und die Zeiten (unter Berücksichtigung eventueller Ersatzrouten aufgrund schlechten Wetters) mitgeteilt werden.

2. Zur wichtigsten Ausrüstung gehören Wanderschuhe mit Profilgummisohle (evtl. Sportschuhe mit dicken Sohlen), Rucksack, Regenschutz, Reservekleidung und -wäsche (nicht zu vergessen ein zweites Paar Socken!), auch Mütze, Handschuhe (sehr nützlich auch im Sommer), eine gute Karte, evtl. Reiseführer, Kompaß, ein immer wieder zu eichender Höhenmesser, Messer, Taschenlampe und natürlich etwas Verbandsmaterial.

3. Es empfiehlt sich auch, genügend zum Trinken, das Minimum an Nahrung und auch Traubenzucker als Kraftspender mitzunehmen.

4. Der größte Teil des Riesengebirges wurde zum Nationalpark erklärt. Demzufolge darf man nur markierte Wanderwege benutzen! Sie sind durch Markierungen an Bäumen oder Felsen (farbiger Streifen auf weißem Grund) gekennzeichnet. Mit einer längeren Wanderung beginnt man am besten frühmorgens.

5. Im Winter dürfen nur die durch Stangen markierten Routen bewandert werden. Skiläufer dürfen nur markierte Skipisten befahren.

6. Wenn **Lawinenalarm/Alarm lawinowy** bekanntgegeben wird (über Radio oder durch Hinweistafeln), ist es verboten, ins Riesengebirge zu gehen.

7. Bei einem Unfall ist unverzüglich die nächstgelegene Station des Bergrettungsdienstes zu verständigen. Sie befinden sich in den Berghütten oder in den Stationen der Bergbahnen. Andernfalls sollte man mittels Licht- oder Tonsignalen (sechsmal pro Minute) Hilfe herbeirufen.

8. Der Eintritt in den Bereich des Riesengebirgs-Nationalparks ist kostenpflichtig. Die Gebühr können Sie an den Haupt-Eintrittspunkten entrichten.

Allgemeiner Teil

Lage und geologischer Aufbau

Das Riesengebirge ist das höchste europäische kontinentale Gebirge nördlich der Alpen und der Karpaten und liegt im Südwesten Schlesiens und im Nordosten Böhmens. Der schlesische Teil nimmt mit 185 km² etwa ein Drittel der Gesamtfläche des Gebirges ein. Das Riesengebirge gehört zur Kette der Sudeten, die sich in West-, Mittel- und Ostsudeten gliedern. Es liegt in den Westsudeten südlich vom Hirschberger Talkessel, ist der höchste und schönste Teil in der Kette der Sudeten und das Gebirge Schlesiens; es ist Rübezahls Reich und das Land der Bauden.

Das Riesengebirge gliedert sich in folgende Teile:
1. den höheren Hauptkamm (Grenz- oder Schlesischer Kamm genannt) mit seinem höchsten Gipfel, der Schneekoppe (1603 m);
2. den Inneren Kamm (auch Nebenkamm oder Böhmischer Kamm genannt);
3. die Zweigkämme des Riesengebirges auf der böhmischen Seite.

Das Riesengebirge auf der schlesischen Seite wird begrenzt: im Osten vom Kolbenkamm/Grzbiet Lasocki, im Nordosten vom Landeshuter Kamm/Rudawy Janowickie, im Westen vom Isergebirge/Góry Izerskie und im Norden vom Hirschberger Tal. Im Norden grenzt Hirschberg/Jelenia Góra an das Bober-Katzbach-Gebirge/Góry Kaczawskie.

Den Charakter des Gebirges bestimmt seine geologische und orographische Zugehörigkeit. Es gehört zu den sehr alten Gebirgsmassiven (etwa 400 Millionen Jahre). Das Riesengebirge ist ein Mittelgebirge, in dessen Gipfelpartien Hochgebirgselemente zu finden sind.

Auffallend ist die unterschiedliche Modellierung des schlesischen und des böhmischen Teiles des Gebirges. Sie ist auf die

unterschiedlichen Bedingungen in der Gesteinszusammenset-
zung und der Tektonik zurückzuführen, die auch die geomorpho-
logische Entwicklung beeinflußt haben. Auf der schlesischen
Seite schränken Bruchlinien in geringer Entfernung vom Hauptkamm das Gebirge ein. Deshalb fällt es hier in nicht unterbroche-
nen steilen Hängen ab; es entstanden hier nur kurze, wasserarme
Bäche, die kleine, tiefe Täler auswaschen konnten. Das ist auch
die Ursache für das Fehlen paralleler Kämme und Zweigkämme
auf der schlesischen Seite. Im Gegensatz zur schlesischen Seite
besteht die böhmische Seite aus langen, tiefen Tälern und lang-
gezogenen Seitenkämmen mit zahlreichen Gipfeln.

Der Hauptkamm, der von den Riesengebirgswanderern zu
Recht bevorzugt besucht wird, erstreckt sich mit 34 km Länge
von einer Linie Schreiberhau/Szklarska Poręba – genau Neuwelt-
Paß/Przełęcz Szklarska – auf der Höhe von 886 m ü.d.M. im
Westen bis zu den Grenzbauden/Przełęcz Okraj auf der Höhe
von 1050 m ü.d.M. bei Schmiedeberg/Kowary im Osten. Der
Kamm besteht abwechselnd aus schmalen und aus breiten, hoch-
flächenartigen Strecken. Die Durchschnittshöhe des Kammes
liegt meistens zwischen 1300 und 1500 m. In der Mitte senkt sich
der Kamm beim »Löchel« – Spindlerpaß/Przełęcz Karkonoska –
bis auf 1178 m herab.

Bei gutem Wetter bietet die Kammwanderung, die ohne größere Anstrengungen zu bewältigen ist, die herrlichsten Ausblicke
auf Täler und Bergzüge zu beiden Seiten.

Das Riesengebirge entwässern vornehmlich fünf Flüsse: auf
der schlesischen Seite Zacken/Kamienna und Lomnitz/Łom-
nica, auf der böhmischen Seite Elbe/Labe, Iser/Jizera und Upa.

Der Fluß Zacken (33,4 km lang) hat seine Quelle an der Westseite des Riesengebirges unterhalb vom Muldenberg in einer
Höhe von 1150 m. Er fließt weiter in das Hirschberger Tal hinab,
vorbei an Schreiberhau, dann durch Petersdorf, Bad Warmbrunn
und mündet in Hirschberg in den Bober (268,4 km lang). Der
Bober mündet in die Oder, die Oder in die Ostsee.

LAGE UND GEOLOGISCHER AUFBAU

Der zweitgrößte Fluß, der seine Quelle auf der schlesischen Seite des Riesengebirges hat, ist die Lomnitz (19,2 km lang). Ihre Quellen befinden sich beim Kleinen und Großen Teich/Mały i Wielki Staw. Zu den längsten Nebenflüssen der Lomnitz gehören Eglitz/Jedlica (16,9 km lang) und Kleine Lomnitz/Łomniczka (8,6 km lang).

Für Gebirgsflüsse charakteristisch ist das große, gefährliche Gefälle, das in der Vergangenheit viele Überschwemmungen verursacht hat. Die schlimmsten wurden in den Jahren 1608, 1702, 1795, 1897 und die letzte 1977 verzeichnet. Am Anfang des 20. Jh. baute man viele Talsperren und Dämme; die wichtigste auf dem Fluß Bober ist die Bobertalsperre bei Mauer (50 Millionen m^3 Wasser).

Der größte Fluß auf der böhmischen Seite ist die Elbe, die ein typisches tiefes Gebirgstal bildet. An ihrem Lauf wechseln Waldpartien mit eingeschlossenen Waldwiesen ab, auf denen Gebirgsbauden verstreut sind. Am romantischsten ist der sog. Elbgrund im oberen Teil, dann in den niedrigen Lagen ein eingeengter Abschnitt mit Stromschnellen, der Elbklemme genannt wird. Die Elbquelle, 1384 m ü. d. M. auf der Elbwiese, im Jahre 1684 vom Bischof von Königgrätz feierlich eingeweiht, ist eigentlich nicht der Anfang der Elbe; dieser liegt mehrere Schritte höher. Unweit befindet sich der Elbfall mit einer Fallhöhe von 50 m.

Auch die Flüsse auf der schlesischen Seite bilden zahlreiche Wasserfälle, die zu den touristischen Attraktionen gehören: Zackelfall/Wodospad Kamieńczyka, Fallhöhe 27 m, oberhalb von Oberschreiberhau, der Kochelfall/Wodospad Szklarki, Fallhöhe 13,5 m, und der Lomnitzfall/Wodospad na Łomnicy, Fallhöhe 10 m.

Geologisch gesehen ist das Riesengebirge nur ein Teil eines größeren Komplexes, der Riesengebirgs-Kristallinikum genannt wird. Dieses Kristallinikum ist wiederum ein Teil des Böhmischen Massivs, das ganz Böhmen einnimmt und an manchen Stellen auch in die benachbarten Gebiete übergreift. Von größter Bedeutung für den geologischen Aufbau des Gebirges waren die beiden paläozoischen Gebirgsbildungen, die ihm schon vor etwa

400 Millionen Jahren seine grundlegende geologische Zusammensetzung gaben. Im Verlauf der sog. variszischen Faltung entstand ein Granitpluton. Die glühende Granitmasse veränderte und festigte auch die umliegenden Gesteine in einer Breite von mehr als einem Kilometer, wodurch an ihrem Rand eine »Kontaktzone« aus hartem Gestein (Glimmerschiefer) entstand, das den auffallend hochragenden Gipfel der Schneekoppe bildete. Bei der alpinen Faltung wurde das Böhmische Massiv auseinandergebrochen und seine einzelnen Blöcke teils hochgehoben (z. B. der Hauptkamm), teils sanken sie ab (z. B. der Teil des Riesengebirges zwischen dem Hauptkamm und dem Vorland auf der schlesischen Seite).

Einen großen Anteil an der Entwicklung des Gebirgsreliefs hatte auch die Eiszeit. Sie begann vor etwa zwei Millionen Jahren und endete vor etwa 10 300 Jahren. Im mitteleuropäischen Tiefland finden sich Spuren von drei Kaltzeiten (Elster-, Saale- und Weichselkaltzeit) mit entsprechenden Gletschervorstößen. Die Temperaturen lagen damals um 8 bis 10 °C niedriger als heute. Die drei Eiszeiten wurden von Perioden mit wärmerem Klima unterbrochen, während derer das Eis wieder abschmolz. Insgesamt gab es 14 Gletscherzungen, z. B. im Riesengrund, im Elbgrund und im Melzergrund; auch die Schneekoppe entstand teilweise durch Gletschererosion. Im Zuge der chemischen und mechanischen Verwitterung im warmen, feuchten Klima entstanden mehrere Meter mächtige Verwitterungsprodukte, in denen Felsenhärtlinge aus widerstandsfähigerem, unverwittertem Gestein eingeschlossen waren. Erst später, bei einer Veränderung des Klimas, wurden die diese Härtlinge einschließenden, verwitterten Gesteine weggespült, und die Felsen traten schrittweise zutage (z. B. Dreisteine/Pielgrzymy oder Mittagstein/Słonecznik).

Ein besonders interessantes Phänomen kann ebenfalls im Riesengebirge beobachtet werden: die sog. STEINKESSEL oder OPFERKESSEL. Dabei handelt es sich um sehr flache, tellerartige, bis zu übermannstiefe, z. T. halbseitig geöffnete Hohlformen in den Granitfelsen. Besonders große Opferkessel befinden sich auf dem westlichen Pfeiler der *Dreisteine.* Es lassen sich z. T. Haupt- und Nebenkessel unterscheiden. Für die Entstehung sind eine exponierte Lage, eine horizontale Plattung des Granits und das Vorhandensein von Wasser notwendig. In kleinen Unebenheiten sammelt sich etwas Wasser an, welches teils chemisch, teils mechanisch auf den Untergrund einwirkt: In exponierter Lage wird das Wasser durch den Wind in ständiger Bewegung gehalten. Zusammen mit dem entstehenden Gesteinsgrus führt dies zu einer allmählichen Vertiefung des Kessels.

Größere Seen natürlichen Ursprungs gibt es im Riesengebirge lediglich zwei, und zwar den Großen Teich und den Kleinen Teich. Beide sind typische Gletscherseen, wovon die Lage am Grund von Gletscherkaren und die mächtigen Moränenwälle, die die Dämme dieser Seen bilden, zeugen. Gleichen Ursprungs sind auch die kleinen Seen am Grund des Kares der Schneegrube.

Auf der böhmischen Seite befinden sich weitere Seen: Kleiner See/Mechové jezírko im Tal des Baches Kesselgraben/Kotelský potok unter dem Gletscherkar Kesselgruben/Kotelní jámy und die Seen in den Torfmooren (sog. Torfmoorenaugen), z. B. im Gebiet der Kleinen Aupa/Malá Úpa und der Pantsch/Pančava.

Klima

Schlesien liegt am Übergang vom ozeanischen zum kontinentalen Klima. Es ist allgemein bekannt, daß mit steigender Seehöhe die Lufttemperatur abnimmt, auf 100 m Höhe etwa um 0,5 °C. Im Einklang damit sind die Gipfel des Gebirges kälter als die Täler, und diese weisen wieder eine niedrigere Temperatur auf als das Gebirgsvorland. Die DURCHSCHNITTSTEMPERATUR auf der Schneekoppe liegt bei 0,1 °C, die gleiche wie auf Island. Damit liegt sie um durchschnittlich 7 °C unter der Temperatur von Hirschberg. Der wärmste Monat im Riesengebirge ist der Juli (durchschnittliche Temperaturen dieses Monats: Hirschberg

16,5 °C, Schreiberhau 15,1 °C, Krummhübel 14,9 °C, Schnee-koppe 8,8 °C); der kälteste Monat ist der Februar (Hirschberg – 3 °C, Schreiberhau – 3,6 °C, Krummhübel – 3,3 °C, Schnee-koppe – 7,8 °C). In den Jahren 1950 bis 1959 wurde die höchste Temperatur mit 34,6 °C im Juli und die niedrigste mit – 36,9 °C im Februar gemessen.

Oft kommt es im Riesengebirge zur sog. ISOTHERMIE, d. h. zu einem Zustand, in dem sich die Temperatur in bestimmten Grenzen nicht verändert, und zur INVERSION, bei der in höheren Lagen eine höhere Temperatur herrscht als in den niedrigeren. Die Inversion ist hier, insbesondere in den Herbst- und Winter-monaten, eine sehr häufige Erscheinung, die manchmal wochen-lang andauert.

Das Riesengebirge gehört zu den windexponiertesten Gebie-ten Europas, insbesondere die Schneekoppe. Hier werden nur ein paar Tage im Jahr ohne Wind verzeichnet. Im allgemeinen herr-schen hier Winde westlicher bis südwestlicher Richtung vor. Im Durchschnitt weht an 130 Tagen im Jahr ein warmer, trockener Fallwind, ein echter Föhn, über den Gebirgszug mit Geschwin-digkeiten von 30 bis 50 m/s. Im allgemeinen gibt es im Riesen-gebirge die stärksten Winde im Winter und die schwächsten im Sommer.

Sehr oft kommt es im Gebirge zur NEBELBILDUNG, meistens im Herbst und im Winter. Dabei handelt es sich um eine tief-liegende Bewölkung, die fast immer mit Regenschauern, Verei-sung und Wind verbunden ist. Der Gipfel der Schneekoppe ist an 296 Tagen im Jahr teilweise in Wolken und Nebel gehüllt. Im Jahr 1961 gab es auf dem Gipfel des Reifträger 261 Tage, im Jahr 1941 sogar 336 Tage mit Nebel.

Eine weitere bedeutende Komponente des Klimas sind die NIEDERSCHLÄGE. Im allgemeinen gilt unter den klimatischen Bedingungen Schlesiens, daß in den Gebirgen viel größere Nie-derschlagsmengen zu verzeichnen sind als in den niedrigeren Lagen. Eine wichtige Rolle spielen auch die Sonneneinstrahlung

Reif im Riesengebirge

KLIMA 17

und die Höhe. Die Niederschläge am Fuß des Gebirges haben einen Jahresdurchschnitt von 700 bis 800 mm, wobei auf der Schneekoppe der Durchschnittswert 1158 mm beträgt (in Breslau beträgt er z. B. etwa 595 mm, in Hamburg 716 mm, in München 935 mm).

Im westlichen Teil des Riesengebirges (Schneegruben 1512 mm, Schreiberhau 1141 mm, Jakobstal/Jakuszyce 1441 mm) fallen im Durchschnitt mehr Niederschläge als im östlichen Teil des Riesengebirges (Wolfshau 1138 mm, Krummhübel 997 mm). Die höchsten Niederschlagsmengen gibt es im Juli, eine Folge der dann häufigen Gewitter.

Eine wichtige Form der Niederschläge ist der SCHNEE. Im Gebirgsvorland schneit es im Durchschnitt an 50 Tagen im Jahr, auf den Gipfeln an bis zu 120 Tagen, auf der Schneekoppe an 176 Tagen. Der erste Schnee fällt oft bereits im September oder Oktober, der letzte im Mai. Es sind jedoch auch schon Schneefälle im Juni verzeichnet worden; 1987 gab es am 6. August den ersten Schneefall. In den höheren Lagen sind Schneehöhen von ein bis

zwei Metern eine normale Erscheinung. Oft kommt es im Gebirge zu Lawinenbildungen, am häufigsten im Januar und Februar nach großen Schneestürmen, wenn Schichten von Neuschnee auf alten Firn fallen. Manchmal sind die Lawinen auch eine Folge von Tauwetter, besonders zu Beginn des Frühlings. Lawinen gehören bis heute zu den größten Gefahren der Berge.

Nationalpark

Das Riesengebirge wurde am 16. Januar 1959 auf der schlesischen Seite aufgrund seiner außergewöhnlichen natürlichen Gegebenheiten zum Nationalpark erklärt. Er umfaßt eine Fläche von 5564 ha und grenzt an sein Gegenstück auf der böhmischen Seite (den Riesengebirgs-Nationalpark KRNAP) mit einer Fläche von 38500 ha. Der Riesengebirgs-Nationalpark (Karkonoski Park Narodowy – KPN) auf der schlesischen Seite umfaßt Höhenlagen vom Muldenkamm im Westen bis zu den Grenzbauden im Osten. Der Waldanteil beträgt in beiden Nationalparks etwa 80 %. Im gesamten Nationalpark sollte man auf den Wegen bleiben.

Innerhalb des Naturparks unterscheidet man: NATURSCHUTZ-RESERVATIONEN mit den wertvollsten Naturbeständen (u. a. Schneegruben, Großer Teich, Kleiner Teich, Elb-Quellen, Aupa-Quellen, ein Torfmoor), GESCHÜTZTE FUNDSTÄTTEN UND NA-TURFORMATIONEN, zu denen einige Felsengebiete, alte Bäume und Blumen gehören. Auf der schlesischen Seite gehören auch die beiden ENKLAVEN Berg Kynast und das Gelände um den Kochelfall zum Nationalpark.

Im Nationalpark sind Naturlehrpfade (ścieżki przyrodnicze) eingerichtet, an denen Informationstafeln die interessantesten Gebilde der belebten und unbelebten Natur beschreiben. Die Naturlehrpfade sind mit Symbolen (weißes Quadrat mit grünem Diagonalstreifen) markiert. Auf der schlesischen Seite gibt es zwei NATURLEHRPFADE (auf dem Berg Kynast und am Kleinen und Großen Teich), auf der böhmischen Seite insgesamt sechs.

In den letzten Jahren ist ein schnelles Absterben ganzer Waldbestände zu verzeichnen. Die Ursache liegt in der starken Luftverschmutzung (vor allem durch Schwefeldioxidemissionen) und im Befall des Bestandes durch Borkenkäfer und Lärchenminiermotte. Die Schäden werden durch polnische, tschechische und deutsche Braunkohlenkraftwerke, die nur etwa 60 km entfernt liegen, verursacht. Mittlerweile sind beinahe alle abgestorbenen Bäume abtransportiert. Es werden Fichten- und z. T. auch Mischwaldneuanpflanzungen vorgenommen.

Die Verwaltung der Nationalparks auf böhmischer und schlesischer Seite überwacht die Einhaltung der Naturschutzbestimmungen. Ihren Hauptsitz hat die Verwaltung in Hirschberg/Jelenia Góra-Sobieszów, ul. Chalubińskiego 23, Tel. 0 75/5 37 26, Fax 0 75/5 33 48. Dort befindet sich auch ein kleines Museum des Riesengebirgs-Nationalparks.

Flora

Die Flora des Gebirges besteht aus mehr als 1200 Arten von Gefäßpflanzen. Nach dem Charakter des Pflanzenwuchses unterscheidet man hier vier Höhenzonen.

In der SUBMONTANEN ZONE (400 bis 800 m) gibt es vorwiegend Fichtenmonokulturen. Insbesondere auf feuchten Flächen findet man stellenweise Pflanzengruppierungen mit verschiedenen orchideenartigen Pflanzen und Seggen. Im Ostteil des Gebirges finden sich Krokuswiesen.

In der MONTANEN ZONE (800 bis 1200 m) wurden die ursprünglichen Mischwälder nach ihrer Abholzung durch die rascher wachsenden und wirtschaftlich ertragreicheren Fichtenmonokulturen ersetzt. Die Fichte versäuert den Boden und wirft außerdem einen starken Schatten, was dazu führte, daß der ursprünglich reiche Unterwuchs völlig verschwunden oder durch nur wenige Farnkraut- und Gräserarten ersetzt worden ist. Einen reicheren Pflanzenwuchs findet man deshalb nur in der Nähe von

Roter Fingerhut (Digitalis purpurea L.) *[S. 20, oben links]*

Grüner Germer (Veratrum lobelianum L.) *[S. 20, oben rechts]*

Grauer Alpendost (Adenostyles alliariae) *[S. 20, unten links]*

Haingreiskraut (Senecio nemorensis) *[S. 20, unten rechts]*

Alpenkuhschelle (Pulsatilla alpina L.) *[S. 21, oben]*

Schwalbenwurz-Enzian (Gentiana asclepiadea L.) *[S. 21, unten]*

Bächen (z. B. Pestwurzarten und Alpen-Milchlattich) und auf nicht bewaldeten Flächen. Zu ihnen gehören in erster Linie Bergwiesen auf Enklaven, die in der Periode der sog. Baudenwirtschaft im 18. und 19. Jh. entstanden sind. Sie dienten als Viehweiden und der Heumahd. Hier fand eine Reihe von seltenen Pflanzenarten Zuflucht (z. B. die endemische Böhmische Glockenblume, das Gelbe Stiefmütterchen, die Arnika; hier findet man auch den Schwalbenschwanz-Enzian, dessen Blüte das Symbol des Nationalparkes vom Riesengebirge ist).

Die SUBALPINE ZONE (1200 bis 1450 m). Die Waldgrenze befindet sich auf 1200 m Höhe (weiter im Südosten, in den Karpaten, steigt sie auf 1700 m an). Der Fichtenwald verliert hier seine Wuchshöhe und Dichte und geht in Knieholzbestände über. Für diese Zone sind neben dem Knieholz auch Borstgraswiesen und Hochtorfmoore charakteristisch.

Am auffallendsten sind die bis einen Meter hohen Büschel der Enzianart Grüner Germer mit großen, gerillten Blättern. Weitere typische Pflanzen der Krummholzregion sind: Sudeten-Zwergmispel (Sorbus sudetica), Alpen-Rose (Rosa pendulina), Zwerg-Birke (Betula nana), Kraut-Weide (Salix herbacea), Schlesische Weide (Salix silesiaca) und Felsen-Johannisbeere (Ribes petraeum). Am Boden wachsen: Alpenkuhschelle (Pulsatilla alpina), Schwalbenwurz-Enzian (Gentiana asclepiadea), Siebenbürgische Glockenblume (Campanula kladniana), Alpen-Habichtskraut (Hieracium alpinum), Goldfingerkraut (Potentilla aurea), Goldrute (Solidago), Grüner Germer (Veratrum lobelianum), Bergnelkenwurz (Geum montanum), Tarant (Swertia perennis) und Rippenfarn (Blechnum spicant).

Das hiesige Klima ist fast identisch mit dem Klima des nördlichen Skandinavien; eben deshalb fanden hier Eiszeitrelikte Zuflucht, d. h. Pflanzen, die in der letzten Eiszeit in ganz Mitteleuropa verbreitet waren, so z. B. die Schneebeere, das Sudeten-Läusekraut, das Lindberg-Torfmoos, ferner auffallende Wollgrasarten mit weißen, flaumhaarigen Fruchtständen.

FLORA 23

Felsen mit Landkarten-Flechten

In die ALPINE ZONE (über 1450 m) gehören nur einige der höchsten Gipfel. In dieser Höhe gibt es hier nur vereinzelte Pflanzenvorkommen und Steingeröll, Knieholz findet sich nicht mehr.

Wegen des rauhen Klimas können hier nur wenige Arten von Gräsern und anderen Pflanzen existieren (z. B. die Zwergprimel und die Alpenkuhschelle). Stark vertreten sind hier Flechtenarten, die auf Steinen auffallende, meist grüngelbe Flecken bilden (Landkarten-Flechte).

Die Kare im Riesengebirge weisen den größten Artenreichtum auf. Unter den vielen hier wachsenden Pflanzen seien wenigstens die folgenden erwähnt: der endemische Strauch der Sudetenvogelbeere, der dunkle Süßklee, die Prachtnelke, der gegenblättrige Steinbrech (in der Kleinen Schneegrube), die Rosenwurz sowie der insektenfressende Rundblättrige Sonnentau.

Fauna

Die Verbreitung der Tiere im Riesengebirge ist in gewissem Maße von den Höhenvegetationszonen abhängig. Typisch ist das Fehlen großer Raubtiere, die in diesem Gebirge schon vor langer Zeit ausgerottet worden sind. Als ersten traf dieses Schicksal den Braunbär (der letzte wurde im Jahre 1802 erlegt), in der Mitte des 18. Jh. den Wolf, zu Beginn des 19. Jh. den Luchs und kurz darauf auch die Wildkatze. Auch einige der großen Raubvögel sind heute nicht mehr zu finden. Die größten Vertreter der Tierwelt in den submontanen und montanen Wäldern sind deshalb Pflanzenfresser wie der Rothirsch (ca. 120), das Reh (ca. 130) und das Mufflon (ca. 60), das zu Beginn des 20. Jh. von Süditalien hierhergebracht wurde. Gelegentlich stößt man auch auf das Wildschwein, den Fuchs und das Mauswiesel, seltener auf den Dachs. Waldvögel sind durch das Auerhuhn, das Haselhuhn, das Birkhuhn, den Mäusebussard, den Habicht und den Sperber vertreten.

Rehböcke und Storch im Riesengebirge

Geschichte der Region

Der Hauptkamm des Riesengebirges bildete immer die natürliche Grenze zwischen Schlesien und Böhmen. Zwischen dem 5. und 10. Jh. wurde das Hirschberger Tal (Funde in Voigtsdorf und Straupitz) von dem Stamm der Boboranen bewohnt.

Die ältesten Spuren des Menschen im Riesengebirge waren mit heidnischen, vorchristlichen Kulturen verbunden, so auf der schlesischen Seite an der guten Quelle am Gräber-Berg (in der Nähe der heutigen Annakapelle) und auf der böhmischen Seite an der Elbquelle. Aus dieser Zeit stammt auch die erste slawische Bezeichnung einiger Flüsse wie: Bóbr, Ciekoń, Łomnica.

Zum Ende des 10. Jh. wurde Schlesien dem polnischen Staat eingegliedert. Im Mittelalter war es ein zwischen Polen und Böhmen umstrittenes Gebiet.

Das Hirschberger Tal mit der schlesischen Seite des Riesengebirges wurde bis 1392 durch das Piastengeschlecht regiert. Die Besiedlung des Vorlandes kam erst an der Wende vom 12. zum 13. Jh. Das Land gehörte den Piastenherzögen. Erst Heinrich I. rief Anfang des 13. Jh. deutsche Siedler ins Land. Die Gemahlin von Herzog Heinrich I. war die deutsche Herzogin Hedwig, berühmt als hl. Hedwig aus Trebnitz (Im Alter von zwölf Jahren wurde sie mit dem Prinzen Heinrich von Schlesien vermählt. Sie ist 1243 verstorben und wurde 1267 heiliggesprochen).

Der polnische König Kasimir der Große verzichtete 1335 auf Schlesien zugunsten Böhmens. Um die Mitte des 14. Jh. wurde Schlesien von Kaiser Karl IV. durch Übertragung eines Lehens übernommen.

Im 12. und 13. Jh. kamen auch Wallonen (Nachkommen romanisierter Kelten und Germanen in Belgien und Frankreich sowie Italiener) ins Vorland des Riesengebirges. Sie suchten nach Edelsteinen, Silber und Gold. Über die Tätigkeit der Wallonen, auch Walen genannt, berichten die »Walenbücher; sie bestehen sämtlich aus einzelnen, zusammengetragenen Notizen über Goldvorkommen in den Mittelgebirgen, Notizen phantastischer Metallsucher ... Die Walenbücher enthalten auch zahlreiche Nachrichten über Örtlichkeiten, wo außer dem Golde auch andere begehrenswerte Metalle und Mineralien (z. B. Kobalt), Perlen und zahlreiche Arten von Edelsteinen sich finden lassen« (24*, S. 96). Die älteste wirtschaftliche Tätigkeit in den Bergen war der Bergbau und die damit zusammenhängende Holzgewinnung. Anfangs wurden hier Edelsteine, Gold, Arsen, Silber, Kupfererz, Bleierz, Quarz und später Eisenerz gefördert. Zu jener Zeit legte man Kohlenmeiler an, um Holzkohle für die Schmiedewerkstätten im Gebirgsvorland (z. B. in Schmiedeberg) liefern zu können.

Die ersten schriftlichen Belege über das Glashüttenwesen stammen aus der Mitte des 14. Jh., die erste Glashütte wurde in Petersdorf erbaut. Die Glaserzeugung konzentrierte sich insbesondere im Westteil des Riesengebirges: in Schreiberhau, wo die Waldbestände nicht durch den Holzraubbau für die Bergwerke aufgebraucht waren. Die letzte durch Graf Leopold Schaffgotsch erbaute Glashütte – genannt Josephinenhütte – arbeitet weiter, seit 1956 als Hütte Julia.

Das 16. Jh. brachte den Beginn der österreichischen Periode in der schlesischen Geschichte. Im Jahre 1526 kam König Ludwig von der Dynastie der Jagiellonen im Kampf gegen die Türken bei Mohács (Ungarn) ums Leben. Danach erbten die Habsburger sowohl die ungarische als auch die böhmische Königskrone und damit auch die Herrschaft über Schlesien. Die österreichische Zeit Schlesiens dauerte rund 220 Jahre – von 1526 bis 1742/63.

Die Reformation breitete sich schnell über das ganze Land aus. Am Anfang des 16. Jh. dürften sich 80 Prozent der Schlesier dem Luthertum zugeneigt haben. Die Lage der evangelischen Christen verschlechterte sich im Laufe des 16. Jh. – besonders infolge des österreichischen, reichsrechtlich festgelegten Grundsatzes aus dem Jahre 1555 »cuius regio, eius religio« (der Landesherr bestimmte die Religion seiner Untertanen). Erst nach dem Übergang Schlesiens an Preußen wurde die Glaubensfreiheit bestätigt.

---

* Siehe, auch im folgenden, unter »Literatur«, Seite 191.

Im 17. und 18. Jh. nahmen die sozialen Unterschiede in starkem Maße zu, ihre Folgen wurden durch Kriege nur noch verstärkt. Es waren die drei Schlesischen Kriege (1740/42, 1744/45, 1756/63) zwischen Österreich (Maria Theresia) und Preußen (Friedrich II.). Österreich verlor den Großteil des an Industrie reichen Schlesiens (Maria Theresia sagte später: »Ich habe den schönsten Garten meines Landes verloren.«). Die Grenze zwischen der österreichischen Monarchie und dem preußischen Königreich verlief auf den Kämmen des Riesengebirges.

Die am weitesten verbreitete Beschäftigung der Bewohner des Gebirges war im 18. und im 19. Jh. die Flachsverarbeitung. Das Spinnen und Weben geschah vornehmlich in Heimarbeit. Es gab Dörfer (z. B. Berbisdorf), in denen an 100 Webstühlen gearbeitet wurde. In Grunau waren in etwa 250 Häusern über 550 Webstühle aufgestellt. Die Hochtäler wurden überwiegend erst im 16. und 17. Jh. besiedelt.

Im Zusammenhang mit dem Bergbau und der Holzgewinnung entstand im Gebirgsvorland und im Riesengebirge eine besondere Form der Baudenwirtschaft – die ersten Einkehr- und Unterkunftstätten.

Fast die gesamte schlesische Seite des Iser- und Riesengebirges gehörte seit Jahrhunderten (erste Erwerbungen schon 1382, Stammschloß Gotsche Schoff, später Schaffgotsch – in Alt-Kemnitz) zur Grundherrschaft der Grafen, dann Reichsgrafen von Schaffgotsch. Der letzte Wohnsitz der Familie Schaffgotsch war das Schloß in Bad Warmbrunn.

Eine neue Epoche in der Besiedlung und Erschließung des Gebirges leitete seit den 80er Jahren des 19. Jh. der stetig anwachsende Fremdenverkehr ein. Größter Anziehungspunkt der Ausflüge war schon seit dem 16. Jh. die Schneekoppe (1603 m), der höchste Berg im Riesengebirge und in den Sudeten überhaupt, der zu dieser Zeit erstmals vermessen wurde. Vorgänger der Touristen waren damals jedoch eher die Pilger, die alljährlich fünfmal die St.-Laurentius-Kapelle auf der Schneekoppe aufsuchten. Die

Kapelle wurde am 10. August 1681 durch den Abt des Zisterzienserklosters Grüssau eingeweiht – bis zu 800 Menschen versammelten sich dort an einem Tag. Zur Zeit wird nur einmal im Jahr, am 10. August um 12 Uhr, die Messe gefeiert. Der Tourismus brachte einen Umbruch im Leben der Bergbewohner mit sich.

Zum entscheidenden Ereignis wurde der Bau der Eisenbahnlinien. Zu den wichtigsten gehörten: die schlesische Gebirgsbahn Görlitz – Hirschberg (1866), Hirschberg – Breslau (1867), Hirschberg – Krummhübel (1895) und Hirschberg – Petersdorf (1891) – Schreiberhau (1902). Eine große Rolle bei der Entwicklung des Fremdenverkehrs im Riesengebirge spielte der Riesengebirgs-Verein (RGV), der im Jahre 1880 gegründet wurde. Viele ehemalige Viehzuchtbauden wurden in Touristen-Herbergen und Einkehr-

Schneekoppe um 1900

stätten umgewandelt. Zu den bekanntesten Zentren gehörten die Hampelbaude, die Kleine Teichbaude und die Alte Schlesische Baude.

Der RGV veranlaßte den Bau und die verdienstvolle Markierung der Touristenwege, die notwendig geworden war, nachdem von der Mitte des 19. Jh. an immer mehr Touristen ihre Wanderungen ohne Bergführer unternahmen. Zu dieser Zeit ließen sich reiche »Touristen« (und auch weniger reiche) auf die Schneekoppe in der Sänfte hochtragen (»Normaler Preis bis 65 kg Gewicht!«). Damals unterschied man Stuhlträger und Bergführer – letzterer mußte auch 15 kg Gepäck tragen, dazu »unterwegs auch singen!«. Weithin bekannt im Riesengebirge auf der schlesischen Seite war Robert Fleiß, genannt »Fleißa Robert«, geboren 1847, gestorben 1937, aus Krummhübel. Er arbeitete 20 Jahre lang als Bergführer und 37 Jahre lang als Briefträger. Seine tägliche Strecke als Briefträger war: Krummhübel – Kirche Wang – Prinz-Heinrich-Baude (abgebrannt 1945/46) – Kleine Teichbaude – Hampelbaude – Schlesierhaus – Schneekoppe – Melzergrundbaude – Krummhübel (bis zu 25 km, dazu über 1000 m Höhenunterschied!).

Hörnerschlitten aus dem Iser- und Riesengebirge

Klettern im Riesengebirge

Zu Beginn des 19. Jh. waren Ausflugsfahrten auf Schlitten, den sog. »Hörnerschlitten«, bekannt und beliebt. Fast jede Baude hatte eine Schlittenpiste, z. B. von den Grenzbauden nach Schmiedeberg, von der Hampelbaude nach Krummhübel. Auf der schlesischen Seite tauchten die ersten drei Paar Skier im Jahre 1880 als Import aus Schweden auf. Nach dem Beispiel der Norweger wurde auch das Skispringen eingeführt; die erste Sprungschanze baute man im Jahre 1905 in der Nähe der Neuen Schlesischen Baude, zwei Jahre später eine Bobbahn in Schreiberhau.

Wenig später wurde eine hölzerne Sprungschanze in Krummhübel errichtet. Auch die Bauerndörfer entwickelten sich zu Erholungs- und Luftkurorten mit einer gemischten Bebauung von kleinen und großen Ferienheimen, Hotels und Pensionen.

Die Mehrheit der Pensionen und Hotels wurde von 1946 an in Ferienheime des Gewerkschaftsverbandes (Abkürzung FWP) umgewandelt. Die Bergbauden wurden dem PTT, seit 1950 PTTK (Verband für Landeskunde und Touristik), übergeben. Für die Sicherheit im Riesengebirge wurde eine Bergwacht gegründet (GOPR-Bergrettungsdienst). Der erste polnische Bergführerverband der Sudeten ist im Jahre 1953 entstanden.

Zur Zeit werden verschiedene Einrichtungen im Fremdenverkehr privatisiert, z.B. Hotels und Reisebüros. Betriebe (Glashütten, Glasschleiferei, Optische Werke) werden nach einer Sanierung weitergeführt.

Wintersport

Die guten Schneeverhältnisse, besonders in den höheren Lagen, ermöglichen jede Art von Wintersport. Von Ende November bis Ende April liegt eine etwa ein bis drei Meter hohe Schneedecke. Das Riesengebirge bietet ein reiches Angebot an Skiliften, Bergbahnen, Schleppliften, Ski-Service, Ski-Verleih, Skipisten und Loipen. Zahlreiche Skipisten und Skilifte finden wir in Krummhübel und Schreiberhau, aber auch in kleineren Gebirgsorten wie Petersdorf, Agnetendorf und Baberhäuser. Ein hervorragendes Gebiet für Langläufer mit Loipen zwischen 1 und 50 km Länge befindet sich in Jakobstal/Jakuszyce, etwa 5 km von Schreiberhau entfernt. Die Loipen sind in der Regel von November bis Mai befahrbar.

Schlittenfahrten werden wieder populär, in vielen Orten werden sie angeboten. Auf den Sprungschanzen von Krummhübel und Schreiberhau finden nationale und internationale Wettbewerbe statt.

Wintersport im Riesengebirge

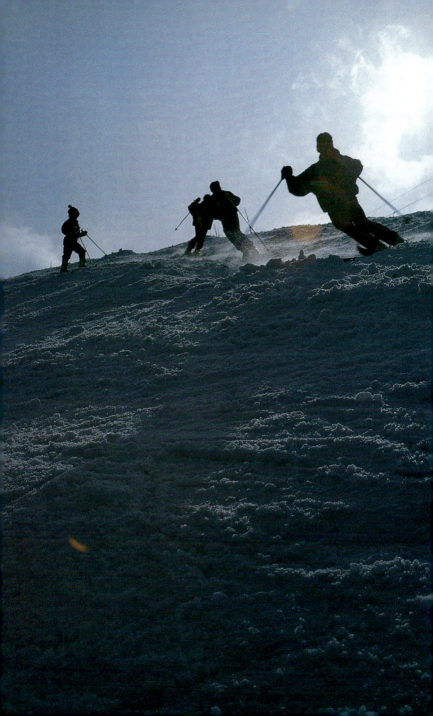

Rübezahl –
Berggeist vom Riesengebirge

Unmittelbar mit dem Riesengebirge sind die Erzählungen vom Berggeist Rübezahl verbunden. Diese Märchen entstanden aus Vorstellungen über Naturphänomene. Es wird angenommen, daß Bergleute, die am Ende des Mittelalters aus dem Harz und dem Hessischen ins Riesengebirge kamen, einen Geist der Bergleute in ihrer neuen Heimat wiederaufleben ließen, der dann später Rübezahl genannt wurde. Die Gestalt Rübezahls wurde von Johann Paul Praetorius schon in der zweiten Hälfte des 17. Jh. in die Literatur eingeführt. Sehr bekannt waren auch die Legenden von J. K. A. Musaeus und Paul Arndt. Am Anfang des 20. Jh. wurde der Berggeist Rübezahl auch von Carl Hauptmann, einem Bruder Gerhart Hauptmanns, im »Rübezahlbuch« von 1915 beschrieben:

Rübezahl, so heißt der Berggeist vom Riesengebirge. Warum der unheimliche Zauberunhold Rübezahl heißt, weiß niemand zu sagen. Wer soll wissen, warum einer Trillhose oder Apfelstiel oder Gautrag heißt, der als ein leibhaftiger, ehrenfester Schuhflicker die steinigen Bergwege wandert! Sicher ist nur, daß das Riesengebirge schon vor Zeiten weltberufen hieß, weil Rübezahl in dessen Höhlen und Gruben und Schluchten und auf dessen Hochmooren und Geröllhalden sein Leben trieb. Der frechste aller Pferdediebe und Necker. Der tollste Marktschreier und Bauernklotz. Auch der kühnste Musikant um Felsgetrümmer und um Krummholzknorren. Und zwar heißt er Rübezahl schlechthin. Mit keinerlei Zunamen weiter. Von Menschen wimmeln Millionen, alle nach ein und derselben Fasson allein in einer einzigen Großstadt durcheinander. Von dieser Art Berggeist gibt es nur einen und immer denselben durch alle Zeiten. Er braucht von seinesglei-

Wintersport im Riesengebirge

chen, weil es derartige gar nicht gibt, nicht weiter unterschieden zu werden ... Das Geheimnis um Rübezahl ist alt wie die moosigen, grünspiegelnden Felsen, die in die feuchten Gebirgsschluchten hängen ...

Nämlich Rübezahl ist selber alt wie die Steine. Vermutlich so alt wie die Riesenwoge aus Granit, die schon in Urzeiten zwischen Böhmen und Schlesien ausrollte und zum Riesengebirge erstarrte ...

Viele Menschen wollen Rübezahls Gunst und Gnade erfahren haben. Noch mehr seine niederträchtigen Tollheiten und gemeingefährlichen Tücken.

Einem würdeerstarrten Gerichtsherrn in Hirschberg soll er einen dicken Strohwisch statt eines gehenkten Diebes am Galgen hinterlassen haben, unterdessen er selber mit dem Delinquenten in dem Ratsstübel in Hirschberg freche Lieder grölte und zechte.

Manche wollen ihn gesehen haben, als er die steile Schneewand zum Großen Teiche, den Wildeber vor seine erbärmliche Schlittenhitsche gespannt, als Junker mit wehendem Federhut johlend niedersauste. Verwegene Schatzgräber, die von weit her, selbst aus Venedig kamen, behaupten, daß sie gemeine Holzspäne oder Kieselsteine daheim aus ihren Ranzen ausgeschüttet, die er ihnen in der Mitternachtsstunde als blinkende Goldstücke vor die Augen gegaukelt. Und der sorglose Schneidergeselle Siebenhaar, der dann in Warmbrunn bis zum Lebensende ein ehrsamer Meister und Hausbesitzer wurde, führte seinen Reichtum auf eine unheimliche Angstnacht oben auf der Elbwiese zurück. Dort hatte er mit Rübezahl Kegel geschoben. Dieser Siebenhaar behauptete, daß ihm der Berggeist einen gemeinen Holzkegel in seiner Tasche auf dem Heimwege in einen schweren Klumpen Goldes verwandelt hätte. Aber richtig gesehen hat Rübezahl keiner. Oder vielmehr, das eben ist das Rätsel. Ein jeder von denen, die einmal in seinem Banne waren, hat Rübezahl gesehen. Ein jeder schwört, daß er ihn Auge in Auge vor sich gehabt, leibhaftig wie einen alten Eichenstamm oder mächtigen Steinklotz. Schwört, ... daß Rübezahl ganz unvorhergesehen des Weges gleichsam aufgesprungen wäre z. B. als verwitterter Jägersmann mit Stock und mit der Flinte.

Alle schwören, daß sie den Rübezahl leibhaftig gesehen hätten, ... auch als Fuhrmann auf der Paßstraße nach Böhmen, unten vor dem Petzer Kretscham. Oder als Perückenmacher auf dem Jahrmarkt in Rotwasser. Oder als Eseltreiber ... Das ist eben das große Geheimnis, daß Rübezahl als der Geist des Riesengebirges mit Händen nicht zu packen ist ...

Manche behaupten, er hätte einmal eine junge Grafentochter unten aus dem Warmbrunner Grafenschlosse geraubt. Die liebliche Komtesse hätte, beweint von den Ihren, niemals wieder den Weg ins Tal herab gefunden, nachdem sie auf einer Frühlingswiese in den Vorbergen sich vertändelt. Und sie läge jetzt in die Elbquelle verwandelt oben frei auf der weiten Moorwiese gefangen und weinte und weinte. Und ihre kristallklaren Tränen rännen seit der Zeit ohne Unterlaß zu Tale nieder.

*Ungezählte idyllische Blicke erschließen sich
bei Wanderungen im Riesengebirge*

Zur Zeit ist noch die »Verlobte« von Rübezahl im Kurpark in Bad Warmbrunn/Jelenia Góra-Cieplice zu sehen.

Manche Bewohner des Riesengebirges behaupten auch, von ihm einen Brief erhalten zu haben:

> Der Rübezahl hot mer an Brief geschrieba,
> a läßt euch schien grissa – a iß noch drieba,
> a will asu lange drieba blein,
> wie noch a poar Schläsinger durte sein.
>
> Viel wär ju zwoar – schreibt er – jitzt nimme lus,
> ma säg lauter fremde Gesichter blus,
> und wällt man amol mit Menscha sprecha,
> do müßt ma sich rehn die Zunge zerbrecha.
>
> Do leit moncher Keerchhof, mit Rusa, mit ruta,
> wu beisomma ruhn eure lieba Tuta,
> und liega se gleich holb vergassa durt:
> Die sein doch derheeme, die brauchta nich furt!

UNBEKANNTER VERFASSER (26, S. 86)

Rübezahl aus der Karte von Helwig, 1561 (12, S. 79)

Schlesische Spezialitäten aus dem Riesengebirge

Was haben die Riesengebirgsbewohner auf der schlesischen Seite früher gegessen und getrunken? Was gilt nach wie vor als schlesische Spezialität?

SCHLESISCHES HIMMELREICH, ein weit über die Grenzen Schlesiens hinaus bekanntes, herzhaftes Gericht aus Pflaumen, Birnen, Äpfeln und Rauchfleisch, das gern mit Semmelklößen serviert wird (»... da däm kimmt kä Gerichte eim ganze Lande gleich!« [Karl Klings]).

Zu den kulinarischen Spezialitäten gehören u. a. auch: Schweinebraten mit Sauerkraut und Klößen (Sonntagsessen); »Schwertelbraten« (Schweinebraten mit knuspriger Kruste, in lange Streifen geschnitten, ganz hart gebraten), dazu Sauerkraut; Eisbein mit Sauerkraut; »Schlesische Karpfen«, als »Karpfen blau« angerichtet mit Petersilie in heißer Schüssel, oder »Karpfen polnisch« mit einer würzig-braunen Pfefferkuchentunke mit Mandeln, Rosinen und Bier (besonders zur Weihnachtszeit und an Silvester); Galuschel (Pfifferlinge); Militscher Karpfen mit Meerrettich und Schlagsahne; warme Wurst mit Sauerkraut; saure Gurken, Gurkensalat; schlesische Mehlsuppe, Hanfsuppe, Bierbrausuppe. Als Beilagen werden meist schlesische Semmelklöße, Kartoffelklöße (entweder aus rohen oder aus gekochten Kartoffeln), schlesische Klöße oder Kartoffeln gereicht.

Ein Festessen ist auch Gänsebraten in verschiedenen Variationen, z. B. mit schlesischen Klößen und Rotkraut, als Gänseklein (gekocht) mit Soße oder Gänsesülze.

Ein typisches Alltagsgericht sind Pellkartoffeln mit Quark und Leinöl, dazu gebratener Speck, schlesisches Häckerle (Salzheringfilets, Eier, Äpfel, Zwiebeln, Leinöl, Petersilie, Pfeffer und Zitronensaft).

Als Gebäck liebt der Schlesier Streuselkuchen in Gugelhupfform, Käsekuchen nach schlesischer Art, Mohnstriezel (Mohnkuchen mit Streuseln) und verschiedene Honigkuchen-Spezialitäten. Schmackhaft sind auch Quarkklößchen (Quark, Ei, Salz, Mehl und Rosinen). Mohnklöße (Mokließla) sind eine für Heiligabend und Silvester typische Süßspeise.

Was hat man getrunken? Natürlich Bier, aber auch »Härteres«, z. B. Breslauer Korn (Weinbrand und Korn), Stonsdorfer Kräuterbitter, überall als Stonsdorfer (s. S. 113) bekannt, und Grünberger Wein. (Viele Schlesier berichteten, daß der Wein ungenießbar war, er kam teilweise als Sekt auf den Markt.)

WAS SAGT DARÜBER EIN GEDICHT?

Meiner Heimat gute Gaben:
Striezel, Streußelkuchen, Baben!
Schlesisch lecker, saftdurchkräuselt,
butterknusprig, duftumsäuselt –
ach, wie hat es uns geschmeckt …
Kringelsorten gab es sieben,
Ostern, Pfingsten, nach Belieben.
Pfeffermänner, Anissterne
schenkte uns das Christkind gerne.
Doch das Schönste waren Klöße
von Kanonenkugelgröße
aus dem erdgewürzten Mohne,
Sankt Sylvester stets zum Lohne,
der das Jahr im Saus beschloß,
Glühpunsch in die Gläser goß.

FRIEDRICH BISCHOF, »DIE GUTEN GABEN«
(26, S. 190)

Touristischer Teil

Hirschberg/Jelenia Góra

Hirschberg (327 bis 355 m ü. NN, 100 000 Einwohner) liegt am Zusammenfluß der Flüsse Bober und Zacken, etwa 65 km von Görlitz entfernt, und ist seit 1975 Woiwodschafts- (Bezirks-) Hauptstadt. Der Stadt wurden ehemals selbständige Orte eingemeindet, so Maiwaldau/Maciejowa, Straupitz/Strupice, Cunersdorf, Herrischdorf/Malinnik, Bad Warmbrunn/Cieplice, Hermsdorf bei Kynast (Sobieszów). Hirschberg ist auch das wissenschaftliche und kulturelle Zentrum des Riesengebirges. Es gibt hier drei Hochschulen (u. a. Betriebswirtschaft, Technische Hochschule) und mehrere Gymnasien und Fachschulen (z. B. für Tourismus und Hotelwesen).

Geschichte

»Schon 1002 soll Hirschberg als Marktflecken bestanden haben« (23, S. 267). Überliefert wurde auch, daß Boleslaw Schiefmund (Bołeslaw Krzywousty) in den Jahren 1108 bis 1111 einen Burgwall auf dem Hausberg, am Zusammenfluß von Bober und Zacken, als Grenzburg erbaut haben soll.

Die heutige Stadt Hirschberg entwickelte sich aus der ehemaligen Vorstadt des Burgwalles. Die Vorstadt erhielt vor 1288 die magdeburgischen Stadtrechte. Am 18. März 1281 stellte Herzog Bernhard von Löwenberg eine Urkunde aus, die den Johannitern aus Striegau 250 Hufen (ca. 3500 ha) (ein Streifen des Landes von Seidorf bis Kaiserwaldau) verlieh und ihnen die Möglichkeit gab, noch 100 Hufen zwischen Zacken und Kleinem Zacken

Luftaufnahme von Hirschberg

im Isergebirge dazuzukaufen (der Kaufvertrag wurde schon im August 1281 unterzeichnet).

1288 gestattete »Bolko I. von Löwenberg und Jauer mit Zustimmung unserer Bürger von Hirschberg« die Erbauung der Schenke in Bad Warmbrunn (die Zustimmung war notwendig, um das Meilenrecht zu erlangen).

Im Mittelalter zählte Hirschberg etwa 2000 Einwohner – Löwenberg als Hauptort des Herzogtums hatte ca. 10 000, soviel wie Breslau. Von 1278 bis 1392 regierte das Geschlecht der Herzöge von Schweidnitz und Jauer über Hirschberg. Die Stadt verdankte ihre Entwicklung zahlreichen Privilegien: dem Meilenrecht (1348 durch Bolko II. für 70 Dörfer rings um Hirschberg), den Verkaufsrechten für Salz und Eisenstein, dem Braurecht (1361), dem Recht

HIRSCHBERG

auf das Waaghaus, dem Recht, Münzen zu prägen, der Erbauung der steinernen Tuchhallen. Hirschberg wurde zum Zentrum des Eisenerzbergbaus wie auch der Metall- und Glasindustrie.

Im Jahre 1392 ging die Stadt, ebenso wie das Herzogtum, an die böhmische Krone der deutschen Dynastie des Hauses Luxemburg über. 1427 wurden die Vorstädte von den Hussiten niedergebrannt, die vergeblich versuchten, die Burg auf dem Hausberg (genannt das »Haus im Pechwinkel«) einzunehmen. Die Burg wurde auf Weisung des Landeshauptmanns niedergerissen.

Im Jahre 1502 erhielt die Stadt Hirschberg das Recht der freien Ratswahl und das Münzrecht. Bei einem schweren Brand fiel 1549 fast die gesamte Stadt in Schutt und Asche.

An der Wende vom 15. zum 16. Jh. entfaltete sich das Handwerk der Leinenweber. Der Schuhmacher Joachim Girnth führte nach einer Hollandreise in Hirschberg die Schleierweberei ein, die zur Weiterentwicklung der Stadt beitrug. 1570 wurden die ersten dünnen Schleier angeboten und verkauft. 1630 verlieh Kaiser Ferdinand III. das Privileg des Monopolverkaufs der dünnen Schleier.

Zu Beginn des 16. Jh. trat ein Großteil der Bevölkerung zum protestantischen Glauben über; 1524 wurde in der Stadtpfarrkirche zum ersten Mal evangelisch gepredigt.

Der Dreißigjährige Krieg brachte der Stadt große Verwüstungen. Die schnelle Beseitigung der Kriegsschäden verdankte man der Kaufmannsgilde (gegründet 1658), die einerseits für die Produktion vor Ort sorgte, andererseits auch für den Vertrieb auf europäischen und außereuropäischen Märkten.

Eine völlig neue Lage brachten die drei Schlesischen Kriege: Besatzungen, Zerstörungen, aber vor allem eine neue Grenze.

»1743 kam der preußische König zum ersten Mal persönlich nach Hirschberg ... Es wird den Tuchmachern – sie waren in dieser Stadt die stärkste Handwerkerzunft – als ein schmerzhafter Eingriff vorgekommen sein, daß sich bald nachher des Königs Edikt gegen den großen Aufwand an Tuch bei Trauerfällen wandte. Nach seiner

Ansicht war es viel zu kostspielig, daß hier sogar der weiteste Verwandtenkreis eines Toten samt allen ›Domestiken‹ in tiefe Trauer gekleidet wurde. Wieviel Tuch war nötig, um die Wände des Trauerhauses von der Haustür ab in ansehnlicher Höhe die Treppen hinauf und auch noch die Wände der Zimmer mit schwarzem Tuch zu behängen! Sogar manche Möbelstücke, die Kutschen und die Pferde wurden schwarz umgekleidet ... Der König sah und rügte jeden Auswuchs ...« [20, S. 23]

Die Abtrennung von Österreich zerstörte alte Handelsbeziehungen des Leinen- und Schleierhandels. Dieser unterlag im 19. Jh. der Konkurrenz der Maschinen. In diesem Jahrhundert entstanden u. a. Leinenfabriken, Maschinenfabriken, optische Werke, eine Papier- und eine Zementfabrik. Im Jahre 1936 wurde die »Schlesische Zellwolle AG« gegründet, die bis 1989 in Betrieb war. 1866 wurde die Eisenbahnverbindung von Hirschberg über Görlitz nach Dresden gebaut, ein Jahr später folgte die Strecke nach Freiburg (weiter nach Breslau).

Am Ende des 19. Jh. entfaltete sich der Tourismus; dazu trug wesentlich der Riesengebirgsverein (gegründet 1880) bei. Das Riesengebirgsmuseum entstand, und die Riesengebirgswochen (mit zahlreichen kulturellen Veranstaltungen) fanden statt.

Nach dem Zweiten Weltkrieg wurde die deutsche Bevölkerung vertrieben. Das Gebiet wurde von Polen aus den ehemaligen polnischen Ostgebieten sowie aus Zentralpolen besiedelt.

1959 wurde der Nationalpark Riesengebirge gegründet, 1975 Hirschberg zur Woiwodschafts-Hauptstadt erhoben.

Hirschberg war der Geburtsort bekannter deutscher Künstler und Wissenschaftler: u. a. des Dichters Georg Heym (1887–1912), des Kunsthistorikers Günther Grundmann (1892–1976) und des Philosophiehistorikers Karl Joel (1864–1934).

Zu den bekanntesten Persönlichkeiten der Stadt gehörte auch Hanna Reitsch (* 1912 in Hirschberg, † 1979 in Frankfurt a. M.), die berühmte Fliegerin (Segel- und Motorflugpilotin). Sie stellte zahlreiche Weltrekorde auf. 1937 war sie die erste Deutsche, die

Stadtplan von Hirschberg

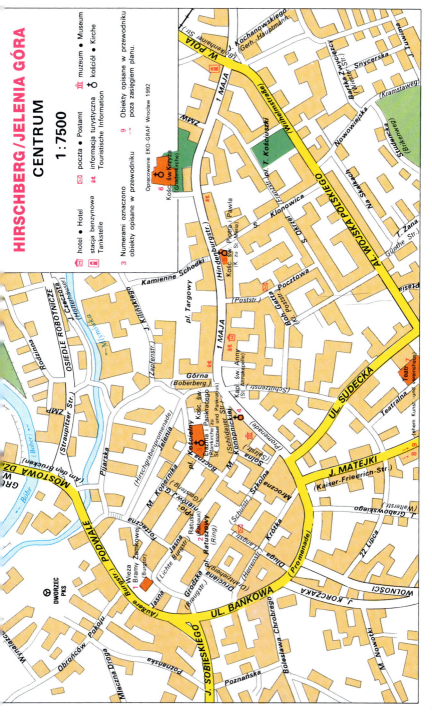

sich »Flugkapitän« nennen durfte. Im Zweiten Weltkrieg war Hanna Reitsch für die Erprobung neuer Flugzeugkonstruktionen bei der Luftwaffe zuständig und nach 1945 als Fluglehrerin tätig.

SEHENSWÜRDIGKEITEN

Die Besichtigung der Stadt beginnt man auf dem **Marktplatz [1]** am Rathaus. Nebenan befindet sich ein bewachter Parkplatz. Der Marktplatz geht auf das 13. Jh. zurück, er hat eine rechteckige Form (schachbrettartiger Grundriß) mit einer längeren Achse von Nordwesten nach Südosten.

Rings um das Rathaus sehen wir die **Laubenhäuser** mit den charakteristischen Laubengängen. Die ursprünglichen Gebäude wurden um die Wende des 17./18. Jh. erbaut, sie waren mit Barock- und Rokoko-Fassaden verziert. In den Jahren 1957 bis 1972 wurden sie zuerst abgerissen (wegen des schlechten Bauzustandes), später vollständig wiederaufgebaut, wobei nur ein paar Fassaden ihr ursprüngliches Aussehen zurückerhielten. Wie in früheren Zeiten beherbergen die Lauben heute wieder zahlreiche kleinere Geschäfte, Restaurants und Cafés.

In der Mitte des Marktplatzes steht das **Rathaus [2]**. Das erste Rathaus war in einem der Patrizierhäuser am Ring untergebracht. Nach zwei Bränden (1549 und 1634) baute man es wieder auf. Als jedoch sein Turm 1739 zusammenbrach, ließ der preußische Staat 1749 das neue Gebäude in der Mitte des Marktplatzes nach Plänen des Baudirektors C. G. Hedemann errichten. Es war das erste neuerbaute öffentliche Gebäude des preußischen Staates in Schlesien. Bemerkenswert ist das Flachrelief im Sitzungssaal im zweiten Stockwerk. Es ist ein Werk der Holzschule in Bad Warmbrunn und stellt die Geschichte der Stadt sowie einige Legenden über Rübezahl dar. Über der ehemaligen Eingangspforte zum Rathaus ist die Inschrift URBEM BOLESLAUS DISTORTUS struxit A. D. MCVIII *(M = 1000, C = 100, V = 5, I = 1) (Boleslaw Schiefmund gründete die Stadt 1108)* zu lesen.

Hirschberg, Rathaus

Dem Rathaus schließt sich ein modernes Gebäude der früheren »Siebenhäuser« an. Die Bewohner der »Siebenhäuser« hatten in Hirschberg im Mittelalter das Monopol, Lebensmittel und Artikel des täglichen Gebrauchs, z. B. Wasser, zu verkaufen. Im Mittelalter gab es hier Fleisch- und Brotstände sowie Verkaufsstände für Handwerker. An der Südseite der »Siebenhäuser« ist eine Tafel zum 875. Jahrestag der Stadtgründung angebracht. Heute hat das Woiwodschaftsamt im Rathaus und in den »Siebenhäusern« seine Räume.

An der Südseite des Marktplatzes befand sich eine schon im 14. Jh. erwähnte Armenküche, an der gegenüberliegenden Seite war die Stadtwaage gelegen, in einem der Gebäude der Nordseite stellte eine Seidenschneiderei ihre Produkte her.

Über der Nordostecke des Ringes sehen wir den Turm der katholischen **Pfarrkirche zu St. Erasmus und Pankratius [3]**. Das erste Gotteshaus an dieser Stelle soll um 1108 Boleslaus Schiefmund erbaut haben. Es fiel jedoch 1303 einem Brand zum Opfer. Wiederaufgebaut wurde die Kirche 1304 bis 1346, als Bruchsteinbasilika umgestaltet in der Mitte des 15. Jh. Ihr Turm ist mit einem barocken Helm (1736) verziert. Im Gewölbe des Portikus erkennen wir an den vier Ecken die Symbole der vier Evangelisten: Ochse (Lukas), Löwe (Markus), Engel (Matthäus) und Adler (Johannes) sowie im Schlußstein das Haupt Christi.

Die Pfarrkirche ist 56 m lang, das Mittelschiff 11 m breit. Das Mittelschiff und der Priesterchor sind mit Netzgewölbe überspannt. Der Hochaltar von 1713/18 ist ein Werk des berühmten norwegischen Barockbildhauers Thomas Weißfeld. Er ist 22 m hoch und 11 m breit. In ihm bewundern wir das Hochbild »Die Verklärung Christi« von Johannes Kretschmar, einem Schüler Michael Willmanns.

Die Umrahmung des Altarbildes, eine großartige Schreinerarbeit, schuf der Hirschberger Tischler Hilscher. Auf Sockeln stehen (von links nach rechts): hl. Erasmus, hl. Johannes der Täufer, Petrus, Paulus, hl. Adalbert und hl. Pankratius.

Lauben in Hirschberg

Im oberen Teil des Hochaltars hängt ein durch vier Engel gestütztes Bild, das den *»auf den Sohn wartenden Gottvater«* darstellt, ihm zur Seite die hl. Hedwig und die hl. Barbara. Zwischen dem Hochbild und dem Bild Gottvaters erkennen wir folgende Skulpturen (von links nach rechts): Karl Borromäus (mit einem Kreuz), die vier Kirchenlehrer St. Hieronymus (mit einem Löwen zu seinen Füßen), St. Augustin (mit loderndem Herzen), St. Ambrosius (mit einem Bienenkorb) und St. Gregorius (mit einer Taube in der Hand). Über dem Hochaltarbild sehen wir ein Wappen von Johannes Pianka (ein Schiff mit drei Segeln, darüber ein Kardinalshut).

Im Nordschiff bewundern wir den spätbarocken Altar der heiligen Maria (1725) und den Josephsaltar (das Hochaltarbild stellt seinen Tod dar, ein Werk von P. Salice, 1753); über dem Josephsaltar befindet sich ein Gemälde, die hl. Gertrud darstellend. Im Südschiff befinden sich folgende Altäre: Hl.-Barbara-Altar (darüber das Bild der Apostel Petrus und Paulus), 1713 gestiftet vom Priester A. Coffart, sowie der Altar des hl. Ignatius von Loyola aus dem Jahr 1713 (darüber ein Bildnis des hl. Franziskus). Im Südschiff sehen wir die Katharinenkapelle.

Im westlichen Teil des Mittelschiffs thront am Eingang auf der Empore die Orgel mit barockem Prospekt (fünfteilig, weiß gestrichen, verziert mit vergoldeten Blättern des Akanthusbaums) sowie in der Mitte mit einer Figur von König David, ihm zur Seite musizierende Engel. Die Orgel wurde im Jahre 1706 durch H. Casparini angefertigt.

Das hölzerne Chorgestühl (Stalle) am Ausgang stammt von Kindler (1576), das barocke Chorgestühl (im Presbyterium, fünf Stück) ist aus dem 18. Jh.

Nun wird unsere Aufmerksamkeit von der Kanzel angezogen (1591). Sie ist mit Reliefs der vier Evangelisten mit ihren Attributen geschmückt; ihnen zur Seite die Personifikationen der Tugend: neben Markus die Klugheit mit Kindern, neben Matthäus die Mäßigkeit mit umgekipptem Krug, bei Lukas die Gerechtigkeit mit Kelch und Anker, bei Johannes die Tapferkeit mit Schwert. Die Kanzel wird von einem kelchförmigen Sockel gestützt; auf ihm erkennen wir den habsburgischen Adler mit dem Wappen Rudolfs II. (damaliger Herrscher in Schlesien), unterhalb ist das Wappen von Hirschberg zu erkennen. An der Balustrade der Kanzel sehen wir die Figuren von Moses und Johannes dem Täufer.

Ein Baldachin überdacht die Kanzel, auf ihm sind eine Weltkugel, ein Gnadenthron (Gottvater mit seinem Sohn auf dem Schoß) und musizierende Engel zu sehen.

Außen an der Kirche sind zahlreiche Grabplatten und Epitaphien angebracht, hier seien genannt: die Grabplatten der Brüder Hilscher (1589), von Sachara Hoelse (1588), Ursula Knawerin (1588), F. M. Forche (1929), A. Loeve (1883); die Epitaphien, darstellend G. Fischer (1581), J. Stake (1646), U. Prausen (1611), den Priester J. Poncha (1710), P. Kretschmer (Ende des 17. Jh.), Pfarrer A. Coffart (1712) [22, S. 171].

Vor dem Haupteingang der Pfarrkirche steht auf einem korinthischen Sockel die Figur der Jungfrau Maria (1712). Neben der Kirche befindet sich ein Gebäude des ehemaligen Jesuitenkollegiums (erbaut in der zweiten Hälfte des 18. Jh.).

HIRSCHBERG   **51**

Von der Pfarrkirche gehen wir zum Pfarrhaus von 1566 mit einer Tafel: *»Der Stadtrat hat sich bemüht, dieses Haus zu bauen, damit Musikanten in ihm wohnen.«*

Ein Laubengang führt uns zur Fußgängerzone. Wir sind jetzt an der **St.-Anna-Kapelle [4]**. Die Kapelle war früher eine Wehrbastei, die 1514 erbaut worden war. Sie fiel jedoch, wie nahezu die ganze Stadt, 1634 einem Brand zum Opfer. 1669 wurde sie von den Jesuiten übernommen. Der Umbau zur Kirche erfolgte in den Jahren 1709/15 unter dem Baumeister Kaspar Jentsch. Die Innenausstattung ist vorwiegend barock: der Hochaltar (ca. 1715) mit den Skulpturen der Kreuzigung, die Nebenaltäre der Erzengel (1715) sowie der zeitgenössische Altar St. Maria Ostrobramska. Die Kanzel stammt aus dem Jahr 1715, das barocke Taufbecken (aus Sandstein) aus dem 18. Jh.

Die Außenwände mit ihren Schießscharten erinnern an ihren ursprünglichen Zweck. An der Außenwand der Kapelle steht auch ein Sühnekreuz.

Wir gehen in der Fußgängerzone am Reisebüro »Orbis« (links) vorbei, dann zu einem Gebäude (Beginn des 17. Jh.) mit einer Uhr (1736). Auf der rechten Seite sehen wir vor uns das ehemalige Hotel »Drei Berge« (heute Hotel »Europa«). Wir gehen weiter geradeaus und sehen links ein Warenhaus, es wurde 1904/05 von den Gebrüdern Albert erbaut. Weiter links befindet sich ein Platz, auf dem jeweils am Montag, Mittwoch und Freitag ein Flohmarkt abgehalten wird; hier gibt es bei günstigen Preisen vieles zu kaufen.

Die Fußgängerzone entlang gelangt man zur **Peter-und-Pauls-Kirche [5]** (in der Schildauerstraße/ul. 1-go Maja). Die altkatholische Kirche, früher St. Maria, wurde 1514 erbaut und nach dem Brand von 1639 im Jahr 1715 erneuert. 1948 fiel die Kirche an die griechisch-orthodoxe Gemeinde. Die Innenausstattung vom Beginn des 19. Jh. stammt aus einem anderen orthodoxen Gotteshaus. Sehenswert sind die Wandmalereien, Werke von J. Nowosielski und A. Stalony-Dobrzyński. Außen sind zwei Sühnekreuze mit den »Mordwerkzeugen« Schwert und Armbrust angebracht.

Das Sühnekreuz ist ein Denkmal des mittelalterlichen Rechtsystems. Ein eingemeißeltes Schwert im Kreuz weist auf das »Mordgerät« hin. Die Sühnekreuze waren spezifische Hinweise auf begangene Verbrechen. Ein Mörder z. B. mußte nach einer im 13. und 14. Jh. üblichen Anordnung (compositio) eigenhändig ein Kreuz anfertigen und aufstellen. Der Schuldige sollte zusätzlich das an der geschädigten Familie angerichtete Unrecht wiedergutmachen. Er wurde für den Unterhalt der Kinder des Getöteten oder die Übernahme der Aufsicht über ihre Erziehung verpflichtet. Weiter mußte der Verbrecher Messen bestellen, Wachs- und Kerzenlieferungen sowie Pilgerfahrten bezah-

Wiederaufgebaute Häuser in Hirschberg

len. Außerdem waren Gerichtskosten, Zahlungen für während des Verfahrens kredenzte Biere und Mahlzeiten sowie Spenden zugunsten der Gesellschaft zu leisten. Nach Erfüllung aller auferlegten Strafen erfolgte am Kreuz die Versöhnung der Familien des Ermordeten und des Mörders durch Handschlag, wodurch die Mordtat gesühnt war.

Unweit sehen wir auf der linken Seite die Gebäude der ehemaligen evangelischen Schule und des Pfarrhauses (1709), heute ein Schulkomplex (Berufsschule).

Weiter links erhebt sich die ehemalige evangelische **Gnadenkirche zum Kreuz Christi [6]**. Sie wurde, wie die anderen fünf Gnadenkirchen Schlesiens, den evangelischen Christen aufgrund der Altranstädter Konvention (1707) zugestanden. Die Erlaubnis zu ihrem Bau erwirkte der schwedische König Karl XII. bei Kaiser Joseph I. Diese »Gnade« ließ sich der Kaiser gut bezahlen *(»3000 Ducaten und ein Darlehen von 100 000 fl.«)*.

Das Gotteshaus ähnelt der Jean-de-la-Vallees-Katharinenkirche (1656/70) in Stockholm. Der Baumeister der Hirschberger Gnadenkirche war Martin Frantz aus Reval; der Bau dauerte von 1709 bis 1718. Ihr Grundriß symbolisiert ein griechisches Kreuz, in der Mitte steht die 1717 aus Sandstein angefertigte Kanzel (die Kanzel sollte von allen Gottesdienstbesuchern gesehen werden, das Evangelium, die Predigt von allen Seiten gut zu hören sein).

Die Kirche hat zweistöckige Emporen mit 4020 Sitzplätzen, davon 1278 im Erdgeschoß. Die Emporen sind mit Szenen aus dem Alten und Neuen Testament verziert.

Das Gewölbe (ausgemalt von Felix Anton Scheffler) oberhalb des Priesterchors stellt die Heilige Dreifaltigkeit dar. Ihr zur Seite erkennen wir (von links nach rechts) zahlreiche Personen aus der biblischen Geschichte (Noah, Adam mit Schippe, König David mit Harfe, hl. Laurentius, hl. Andreas mit Kreuz, hl. Jakobus der Jüngere, Johannes der Täufer sowie Patriarchen und Engel).

Unsere Aufmerksamkeit zieht der Hochaltar mit dem prächtigen Orgelprospekt (die eine Einheit bilden) auf sich. Die Orgel schuf M. Roeder, den Orgelprospekt Hilscher aus Hirschberg. Den

Grundriß der Gnadenkirche [21, S. 43]

Altarraum malte F. A. Scheffler aus. Altar und Orgelprospekt wurden von Christian Mentzel aus Hirschberg gestiftet. Das Bild im Hochaltar wird entsprechend dem Kirchenjahr gewechselt. Seitlich erkennen wir u. a. die Figuren des Petrus (unten links) und Christus' (das Kreuz tragend). Die Gewölbefresken im Mittelschiff sind Werke von F. A. Scheffler (1737/51) und J. F. Hoffmann (1734/43). Dargestellt sind (vom Hauptaltar aus): »Mariä Himmelfahrt«, »eine symbolische Uhr« (in den vier Ecken die Attribute der vier Evangelisten) sowie »Die Auferstehung Christi«. Das Gewölbe im Querschiff zeigt »Die Bekehrung des Paulus« und »Träume des Jakobus«. Die Balustraden einiger Emporen sind mit Szenen aus dem Alten und Neuen Testament ausgemalt.

Seit 1945 werden in der Gnadenkirche katholische Messen gefeiert, sie ist auch Garnisonkirche.

Rings um das Gotteshaus befinden sich 19 **Gruftkapellen** (1716/70) der reichen Patrizier von Hirschberg. Nach dem Zweiten Weltkrieg wurden sie teilweise zerstört und später wiederaufgebaut.

Die Schildauerstraße/ul. 1-go Maja führt uns geradeaus zum Hauptbahnhof in Hirschberg. Der erste Zug kam 1866 von Görlitz hier an. Bemerkenswert ist das 1904 im Jugendstil nach den Plänen des Architekten A. Daehmel erbaute **Kunst- und Vereins-**

haus [7] (heute Theater C. K. Norwid; Anschrift: Teatr im. Cypriana Kamila Norwida, Aleja Wojska Polskiego 58, 58-500 Jelenia Góra). In Hirschberg findet seit 1980 alljährlich im August das Internationale Straßentheaterfestival statt (Aufführungen auf Marktplätzen).

Hirschberg, in der Gnadenkirche, Orgel mit Hochaltar

Hirschberg, unter den Lauben

Unweit des Theaters befindet sich das **Riesengebirgs-Museum [8]** (Muzeum Okręgowe), erbaut 1914. Hier können wir folgende Sammlungen bewundern: Glas (aus dem 18. Jh.), sog. »Souvenirglas« aus der zweiten Hälfte des 18. Jh. aus der Josephinenhütte sowie aus Böhmen und Frankreich; Graphik (u. a. von J. Gielniak), Bilder von V. Hofman.

In der Nähe des Museums erstreckt sich eine Parkanlage, der sog. **Kavalierberg** (412 m) **[9];** hier stand im Mittelalter der Stadtgalgen, der 1778 entfernt wurde. In den Jahren 1779/86 wurde das Gelände zu einem Park umgestaltet. In seinem südlichen Teil gibt uns ein geologisches Profil der Westsudeten einen Einblick in den Untergrund. Es wurde im Jahre 1902 anhand einiger Beispiele der in diesem Gebiet vorkommenden Gesteine angefertigt. Am Rande der Parkanlage sind ein Campingplatz und das Hotel »Park« zu finden. An der Schmiedeberger Straße/ul. Sudecka sieht man dann ein Schwimmbad, Tennisplätze sowie das neue Viersternehotel »Jelenia Góra« (Fahrtrichtung Karpacz).

TOURISTISCHER TEIL 57

Von Hirschberg/Jelenia Góra fahren wir nach Bad Warmbrunn/ Jelenia Góra-Cieplice, heute ein Stadtteil von Jelenia Góra.

Mit dem Pkw nimmt man die Straße in Richtung Schreiberhau/Szklarska Poręba. Die Linienbusse (rote Farbe) Nr. 4, 7, 9, 15 und Schnellbusse A, B sowie die PKS-Busse Richtung Szklarska Poręba bringen uns ebenfalls nach Bad Warmbrunn.

Bad Warmbrunn/Jelenia Góra-Cieplice

Der Ort (335 bis 345 m ü. NN) liegt am Zusammenfluß des Zackens und des Heidewassers; 1935 wurde er zur Stadt, seit 1975 ist er der Stadt Hirschberg eingemeindet. Um die Entstehung des Ortes rankt sich die folgende Sage:

Im Jahre 1175 sollen Jäger des Herzogs Boleslaus V. während einer Jagd beobachtet haben, daß ein waidwunder Hirsch sich in einer dem Erdboden entströmenden heißen Quelle badete, ein Umstand, der die Heilkraft des Wassers erkennen ließ und zur Besiedlung jenes Platzes führte. Der Herzog soll an jener Stelle eine Waldlichtung angelegt und eine Kapelle zu Ehren des hl. Johannes des Täufers, des Schutzpatrons der Diözese Breslau, erbaut haben.

Die erste urkundliche Überlieferung Warmbrunns als »*locus qui dicitur calidus fons*« datiert von 1281, als Herzog Bernhard von Schweidnitz den Johannitern 250 Hufen Land schenkte. Der Orden gründete ein Kloster mit Kirche und Hospital, das einen starken Zulauf von Gläubigen, später von Pilgern, verzeichnete. Man glaubte, daß am 24. Juni, dem Johannistag, die Wirkung der warmen Quelle von besonderer Heilkraft sei. Es fanden Wallfahrten von Kranken und Gesunden an jenem Tag nach dem warmen Bade statt, bis sich diese volkstümliche Gewohnheit im Laufe der Zeit verlor. 1288 gestattete Herzog Bolko I. die Errichtung eines

Kretschams in Herrischdorf. 1381 kaufte der Ritter Gotsche Schof das Gut Warmbrunn von der Herzogin Agnes, der Witwe des verstorbenen Bolko II.; 1401 kam es ganz in seinen Besitz. Er stiftete 1403 eine Zisterzienserpropstei in Bad Warmbrunn, die er mit einem Propst und vier Ordensbrüdern aus dem Zisterzienserkloster in Grüssau besetzte. 1537 erbaute der Grüssauer Abt das »Lange Haus« (für sich) und das Propsteibad (in dem von 1920 bis 1965 das Naturkundemuseum untergebracht war).

1567 wurde Johann Knobloch aus Hirschberg Badearzt in Warmbrunn. *»Damals wurden 100 Badestunden als vollständige Kur angesehen, und es wurde sechs Stunden täglich, drei vor- und drei nachmittags, gebadet.«* 1576 wurde das Propsteibad mit einem massiven Gebäude umgeben. 1601 war der Gelehrte Kaspar Schenkfeldt Badearzt. Die bedeutendste Quelle blieb jedoch bei der Familie Schaffgotsch. Hans Ulrich Schaffgotsch (1635 in Regensburg enthauptet, da er im Verdacht stand, am Verrat Wallensteins beteiligt gewesen zu sein) baute 1627 das Große Bad. Er soll hier auch die erste Glas- und Steinschneiderei mit Handwerkern aus Italien gegründet haben.

1687 war hier Maria Johanna Sobieska, die Gemahlin König Johann Sobieskis von Polen, mit einem Gefolge von über 1000 Personen zur Kur, 1800 schließlich König Friedrich Wilhelm III. von Preußen und dessen Gemahlin Louise sowie weitere deutsche Besucher, u. a.: Heinrich Hoffmann von Fallersleben (* 1798, † 1874; Professor für deutsche Sprache und Literatur in Breslau), Karl von Holtei (* 1798, † 1880; Schriftsteller und Schauspieler), Johann Wolfgang von Goethe (* 1749, † 1832; er bestieg von hier aus 1790 die Schneekoppe): *»Seit Anfang des Monats August 1790 bin ich nun in diesem zehnfach interessanten Lande, habe schon manchen Theile des Gebirges und der Ebene durchstrichen und finde, daß es ein sonderbar schönes, sinnliches und begreifliches Ganzes macht...«* (25, S. 93)

Beim Brand von 1711 wurde die Kirche zerstört, an ihre Stelle trat schon drei Jahre später eine neue katholische Kirche. 1810 fiel die Kirche wie andere Kirchen- und Klosterstiftungen der Säkularisation zum Opfer. Zwei Jahre später kaufte Gotthard Graf Schaffgotsch die Propstei zu Warmbrunn vom Staat zurück.

Bis 1928 existierte das Gräfliche und Propsteibad. 1932 wurde durch den Architekten Steinmetz ein modernes Kurmittelhaus fertiggestellt.

Außer vom Badebetrieb lebten die Einheimischen von der Leinenweberei (17. und 18. Jh.) und von der Stein- und Wappenschneiderei, bereits zu Beginn des 17. Jh. aus Italien eingeführt. Daneben spielten als Wirtschaftszweige die Glasschneiderei und -schleiferei sowie die Glas- und Porzellanmalerei eine große Rolle. 1854 entstand eine kleine Fabrik für die Herstellung und Reparatur von Papiermaschinen, die auch heute noch existiert.

Ein wichtiger Erwerbszweig war die Holzschnitzerei; 1902 wurde die Holzschnitzschule gegründet, die später in eine Kunstgewerbeschule umgewandelt wurde. Heute arbeitet sie als Schule für Kunsthandwerk (Holzschnitzerei, Glasschleiferei, Weberei, z. B. Teppichweberei).

Sehenswürdigkeiten

Unsere Besichtigung von Bad Warmbrunn beginnen wir am Hotel »Cieplice«, an dem wir unser Auto abstellen (bewachter Parkplatz). Wir gehen zur katholischen Kirche, benannt nach Johannes dem Täufer.

Die **Johanneskirche** [1] wurde 1714 in ihrem heutigen Erscheinungsbild erbaut. Baumeister war der Hirschberger Kaspar Jentsch. Die erste Kirche an dieser Stelle wurde um 1318 erwähnt; 1711 fiel sie einem Brand zum Opfer. Hans Anton Graf Schaffgotsch und der Abt des Zisterzienserklosters aus Grüssau Dominicus Geyer finanzierten den Wiederaufbau.

Die Pfarrkirche ist ein hoch aufragendes Gebäude mit doppelten Fensterreihen. Charakteristisch ist die für alle schlesischen Zisterzienserkirchen typische Basilikafassade. An ihr sind zwei

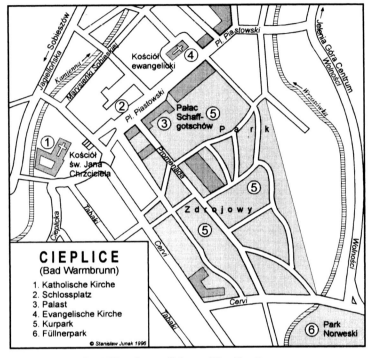

Stadtplan vom Bad Warmbrunn/Jelenia Góra-Cieplice

Skulpturen zu sehen: die hl. Gottardus (links) und Placidus (rechts). In der Mitte der Fassade befindet sich die Skulptur der Hl. Dreifaltigkeit. Hier war einst eine Sonnenuhr angebracht.

Jetzt wenden wir uns zum Eingang der Kirche. Im Portal erkennen wir eine Figur der Muttergottes von Grüssau. Die Kirche ist ein Emporen- und Hallenbau mit böhmischem Gewölbe. Im Mittelpunkt steht der 1794 kostbar ausgestattete Hochaltar (ein Werk von Wagner) mit seinen hohen Säulen, den lebensgroßen Figuren der Apostel Petrus und Paulus, Judas Thaddäus und Andreas, von Johannes dem Evangelisten und Johannes dem Täufer,

BAD WARMBRUNN **61**

den Engelsgestalten, dem reichvergoldeten Laub- und Bandel-
werk. In der Mitte sehen wir das prächtige Altarbild von Michael
Willmann, das die Himmelfahrt Mariens darstellt (hier auch
Beschützerin der religiösen Orden). Im Bild erkennen wir auch
Zisterzienser (in weißer Kutte) sowie Ordensbrüder ohne Prie-
sterweihe. Das Altarbild der Kirche ist eine Spende des Grüssauer
Abtes (1687). Oben auf dem Altarbild thront eine Skulptur der
Heiligen Dreifaltigkeit, umgeben von Engelsfiguren.

An den beiden Längsseiten des Gotteshauses sind je fünf Ka-
pellennischen aufgereiht. Darüber sind, durch Pfeiler getrennt,
Emporen mit Geländer eingelassen. Die Nischen in der Mitte
enthalten die Eingangstüren zur Kirche, die südliche ist für die
Kirchenbesucher gedacht. Die Altäre sind nicht einheitlich ge-
staltet und zeigen herrlichen Bilder-, Statuen-, Laub- und Malerei-
schmuck. Sie sind, vom Presbyterium aus auf der rechten Seite
beginnend – folgenden Heiligen geweiht: dem Judas Thaddäus
(ihm zur Seite der hl. Franziskus und der hl. Vinzenz), der Anna
selbdritt (Darstellung der Mutter Anna mit Maria und dem Jesus-
kind als Dreiergruppe), den Vierzehn Nothelfern (im Mittelpunkt
des Bildes Christophorus als Christusträger *(Nach einer Legende
trägt Christophorus das Christuskind über einen Fluß, wird von der
Last des Kindes unter Wasser gedrückt und getauft.);* den drei Bi-
schöfen Dionysius von Paris, Erasmus, Blasius von Sebaste; den
drei Jungfrauen Barbara, Margaretha von Antiochia, Katharina
von Alexandria; den zwei ritterlichen Heiligen Achatius und Eu-
stachius; dem römischen Offizier und Märtyrer Sebastian; dem
Arzt Pantaleon; dem Mönch Ägidius; Cyriacus von Rom; dem
Knaben Vitus, dem hl. Ceslaus (mit dem hl. Leopold und dem
hl. Andreas). Die Altäre auf der linken Seite sind geweiht: dem
hl. Joseph Kolasanty (mit Skulpturen des hl. Franziskus und des
hl. Nikolaus), der Maria vom guten Rat, der hl. Hedwig (mit der
hl. Margaretha), der Heiligen Dreifaltigkeit (angefertigt 1802 von
Lechel, ihr zur Seite die Figuren des hl. Karl, der hl. Thekla und
eine Pietà).

Sehenswert ist auch die **Kanzel.** Ihr prächtiger Barockschmuck gruppiert sich um vier Medaillons, zeigt Szenen aus dem Leben des hl. Johannes des Täufers. Die Kanzel war ein Geschenk des Grüssauer Abtes, dessen Wappen unten zu sehen ist. Die Skulpturen an der Kanzel zeigen Moses mit den Zehn Geboten, Zacharias (Johannes' Vater) und Elisabeth (Johannes' Mutter). Auf dem Baldachin erkennen wir die Gestalt des Schutzpatrons der Kirche, Johannes' des Täufers. Die Reliefs am Geländer stellen, von links nach rechts, die Szenen »Johannes spricht zu Juden am Jordan«, »Taufe Jesu durch Johannes im Jordan«, »Johannes der Täufer zeigt auf Christus«, »Enthauptung von Johannes dem Täufer« dar.

Im Jahre 1822 sind sieben von Karl Hermann geschaffene Bilder angebracht worden: die hl. Hedwig, der hl. Johannes der Täu-

Johanneskirche in Bad Warmbrunn

BAD WARMBRUNN 63

fer, der hl. Bernhard, ein Schutzengel, die hl. Barbara und Maria Magdalena.

Auf dem **Taufbecken** aus grünem Syenit steht eine Skulptur, darstellend die Taufe Jesu durch Johannes.

Die großen Gemälde am Orgelchor (Christus, betend am Ölberg; Christus, das Kreuz tragend; Abnahme Christi vom Kreuz) sind Werke eines Schülers von M. Willmann, des schlesischen Malers J. F. Hoffmann (1688–1745).

Das **Orgelwerk** entstand 1765 durch den Orgelbauer Herbst aus Petersdorf. In der Krypta der Kirche ruhen die Gebeine der Familie Schaffgotsch in einer Gruft.

Nach der Besichtigung der Kirche treten wir in den Kirchenhof; rechts sehen wir ein prächtiges, 1779 geschaffenes Tor, das zum in den Jahren 1586/87 erbauten **Klostergebäude** führt. Heute sind hier das Pfarrhaus und das Wirtschaftsgebäude des Kurzentrums untergebracht.

Wir gehen zurück, und vor uns steht der durch den Baumeister Elias Scholz 1709/11 erbaute Campanile (freistehender Glokkenturm) mit einer in Schweidnitz gegossenen Glocke. Unmittelbar davor erblicken wir eine Statue des hl. Florian. Ihr Stifter war die Familie Schaffgotsch; die angebrachte Inschrift am Sockel weist auf das Jahr 1712 hin. Rechts daneben bewundern wir auf dem alten Kirchhof 13 alte, in Stein gehauene Grabdenkmäler der Familie Schaffgotsch (hierhergebracht aus Seifersdorf nach dem Brand der dortigen Kirche [1894]) aus dem 16. und 17. Jh.

Wir wenden uns nun zum Schloßplatz. Unterwegs passieren wir das 1932 erbaute **Kurhaus**. Daran schließt sich die Trinkhalle an. Die Schwefelthermen, insgesamt sechs mit einer Temperatur von 20 °C bis 73 °C, enthalten schwefelsaures Natrium, Kieselsäure, Kohlensäure, Calciumphosphat, kohlensaures Magnesium, Eisenoxid sowie Fluor und Arsen. Das Warmbrunner Wasser wird bei folgenden Erkrankungen angewandt: Rheumatismus in allen Formen, Gicht, Nervenkrankheiten, Heine-Medin-Krankheit,

Hautkrankheiten, Folgen äußerer Verletzungen wie Knochenbrüche, Verrenkungen u. a.

Nun gehen wir zum ehemaligen gräflichen Schloß am **Schloßplatz [2]**. Nach dem Brand der Burg Kynast verlegte die Familie Schaffgotsch ihren Wohnsitz hierher. Das **Schloß [3]** wurde an der Stelle des früheren, 1777 abgebrannten Schlosses erbaut. Die heutige Gestalt erhielt es 1784 bis 1809 nach einem Entwurf des Oppelner Baumeisters Johann Georg Rudolf. Das Schloß ist ein architektonisch großartiger Bau mit einem Hauptgebäude und zwei Seitenflügeln im Stil zwischen Barock und Empire. Das Innere barg früher eine Privatkapelle und ein Familienarchiv. Der Festsaal wurde nach einem Entwurf des königlichen Bauherrn Kurz aus Schmiedeberg im Empirestil geschaffen.

Nach der Vertreibung der Deutschen (einschließlich der Familie Schaffgotsch) fiel das Schloß an den polnischen Staat. Heute ist hier ein Teil der Technischen Hochschule untergebracht. Die Fassade des Schlosses wird durch zwei Portale geschmückt, die mit den gräflichen Wappen der Familie Schaffgotsch verziert sind.

Am Schloßplatz steht die **evangelische Kirche [4]**. Der heutige Bau entstand 1774/77 nach einem Entwurf des Hirschberger Baumeisters Demus. Die barocke und klassizistische Innenausstattung stammt vom Ende des 18. Jh.; sehenswert sind das Altarbild, ein Werk von Prof. E. Ihle, und das Kruzifix des hiesigen Hofsteinschneiders Siebenhaar. Auch heute werden in der Kirche evangelische Gottesdienste abgehalten.

Entspannung bietet uns ein Spaziergang durch den **Kurpark [5]**, dessen Eingang gleich nebenan ist. Der Park wurde in der Mitte des 18. Jh. durch die Familie Schaffgotsch im französischen Stil angelegt. Um 1819 wurde er in englischem Stil umgestaltet. 1800 wurde im Kurpark das Kaffee- und Gesellschaftshaus »Galerie« eröffnet, ein Säulen- und Kuppelbau von C. G. Geissler, gewidmet »dem Vergnügen der Badegäste«. 1836 entstand nebenan, im Auftrag des Grafen Leopold Christian Schaffgotsch, ein klassizistisches Kurtheater, ein Werk des Baumeisters Albert Tollberg.

Bad Warmbrunn, am Schloßplatz, im Hintergrund der Turm der evangelischen Kirche

Eine Verlängerung des Kurparkes bildet der 1906 durch die Fabrikantenfamilie Füllner angelegte **Füllnerpark [6]** mit dem norwegischen Blockhaus, dessen Räume das Naturkundemuseum, darunter eine ornithologische Sammlung der Familie Schaffgotsch aus dem Langen Haus, beherbergen.

Die Familie Füllner stammte aus Norwegen, ihr gehörte zunächst ein Reparaturwerk für Papiermaschinen, das sich später zu einem der bedeutendsten Werke zur Herstellung von Maschinen für Papierfabriken entwickelte. Diese Fabrikantenfamilie brachte auch die ersten Skier aus Norwegen nach Schlesien.

Abbildungen der folgenden Seiten
66/67: Am Warmbrunner Teich – Blick auf das Riesengebirge
68/69: Im Vorland des Riesengebirges

Sühnekreuze

Ostteil des Riesengebirges mit dem Vorland

Eglitztal/Dolina Jedlicy

Die Eingangspforte zur Bergwelt Rübezahls ist Hirschberg, die Laubenstadt. Hier vereinigen sich die Verkehrslinien von Breslau und von Görlitz. Am Weg von Hirschberg in Richtung Schmiedeberg oder Karpacz erhebt sich auf der linken Seite, etwa 5 km von Hirschberg entfernt, ein Sühnekreuz.

Mit dem Linienbus (50 Min.) oder Pkw (30 Min.) erreicht man Schmiedeberg/Kowary, das im Eglitztal liegt. Der Fluß Eglitz/Jedlica nimmt seinen Weg zwischen dem Schmiedeberger Kamm/Grzbiet Kowarski, dem Kolbenkamm/Grzbiet Lasocki und dem Landeshuter Kamm/Rudawy Janowickie. Seine Quelle hat der Fluß bei den Grenzbauden/Przełęcz Okraj auf einer Höhe von 1040 m. Die Eglitz (16,5 km lang) gehört zu den gefährlichsten Flüssen im Riesengebirge und dem Gebirgsvorland. Das Gefälle des Wassers beträgt hier bis zu 16 Prozent! Das verursachte in der Vergangenheit (besonders in der zweiten Hälfte des 19. Jh.) viele Überschwemmungsschäden. Daher wurde dieser Teil des Eglitztales mit Dämmen gesichert. Die Eglitz fließt durch Schmiedeberg und mündet im Dorf Lomnitz in den gleichnamigen Fluß (die Lomnitz fließt weiter zum Bober).

Lomnitz/Łomnica

Im Dorf erhebt sich das barocke Schloß der Familie von Küster. »Es soll unter dem Besitz des bekannten Hirschberger Kaufherrn Christian Mentzel (1667-1741) unter Mitwirkung des Baumeisters Martin Frantz (Erbauer der Gnadenkirche) und später durch den Architekten Tollberg seine heutige Gestalt erhalten haben« (25, Seiten 42/43). 1835 hatte ein Vorfahr, Carl August von Küster, den Besitz gekauft. 1992 erwarb eine polnische Gesellschaft das Grundstück. Zwei Enkel des letzten Schloßbesitzers renovierten daraufhin das Schloß, welches demnächst als deutsch-polnische Begegnungsstätte mit einem Café und einem Hotel dienen soll.

Schloß Fischbach/Karpniki am Fuße der Falkenberge/Góry Sokole gehörte bis 1945 Prinz Ludwig von Hessen. Von 1956 bis 1970 war hier eine psychiatrische Heilanstalt untergebracht.

Schloß Buchwald/Bukowiec blieb ebenfalls erhalten und dient als Schulgebäude.

Schmiedeberg/Kowary

Die Stadt Schmiedeberg, in 428 bis 727 m Höhe gelegen, 13 000 Einwohner, eine alte Berg- und Industriestadt, erstreckt sich im Tal der Eglitz als 7 km lange Ortschaft. Im Jahre 1148 soll hier eine Eisengrube durch Laurentius Angelus errichtet worden sein. Ein erster urkundlicher Beleg stammt aus dem Jahre 1355: Der Piasten-Herzog Bolko II. von Schweidnitz sicherte der Gemeinde Hirschberg zu, daß der bei Schmiedeberg geförderte Eisenstein nur im Weichbild der Stadt Hirschberg verhüttet werden dürfe. Im Jahre 1513 bekam sie vom böhmischen König Wladislaus volles Berg- und Stadtrecht (*»Wir, Wladislaus von Gottes Gnaden zu Hungarn, Böheimb, Dalmatien, Croatien, König, Markgraf zu Mähren, Herzog zu Lutzenburg und in Schlesien ...«*).

Bis ins 17. Jh. gab es in Schmiedeberg Bergbau, Eisenverhüttung und -verarbeitung, danach Leinenhandel. Im 18. Jh. waren hier Flachsgarnspinnereien und Damastwebereien ansässig. Im 18. und 19. Jh. gab es wiederholt Weberaufstände (besonders in den Jahren 1793 und 1848).

In der zweiten Hälfte des 19. Jh. entfaltete sich die Industrie immer mehr. So wurde 1856 eine Teppichfabrik gegründet, die bis heute mit nunmehr 120 Farben und 350 Mustern arbeitet. Dazu

Bergbau im Riesengebirge (mittelalterliche Darstellung)

belebte sich auch die Magneteisensteingewinnung, und in den 50er Jahren des 20. Jh. wurden Uranerze abgebaut.

In Schmiedeberg sind ferner eine technische Filzfabrik, eine Fabrik für technisches Porzellan und eine Maschinenbaufabrik (in Krzaczyna) ansässig.

SEHENSWÜRDIGKEITEN

Zu den schönsten alten, erhaltenen Gebäuden gehört die katholische Pfarrkirche aus dem 16. Jh.; die ältesten Bauelemente gehen auf die Gotik zurück (der Turm, der westliche Teil der Fassade, die Skulptur der hl. Maria aus dem 14. Jh.). Die Ausschmückung im Innern der Kirche ist meist im Barockstil aus dem 18. Jh. gehalten mit Werken des Prager Bildhauers Anton Dorazil. An der Außenmauer der Kirche sind vor den Gruftkapellen von Patriziern die schönen barocken Eisengitter aus dem 18. Jh. angebracht.

Im Stadtzentrum stehen mehrere Barock- und klassizistische Häuser aus dem 18. und 19. Jh., in der Hauptstraße das klassizistische Rathaus von 1788 (jetzt Sitz des Bürgermeisters und des Rates der Stadt). Im oberen Ortsteil liegt auf einem Hügel die St.-Anna-Kapelle von 1727, auf ovalem Grundriß erbaut und mit Schindeln bedeckt. Im unteren Ortsteil ist am Wege nach Zillertal-Erdmannsdorf/Mysłakowice ein Sühnekreuz zu sehen.

Schmiedeberg liegt an der Straße nach Landeshut/Kamienna Góra. Dorthin führt auch die Bahnlinie, die an der Bergfreiheitsgrube entlang ansteigt und in einem 1026 m langen Tunnel durch den Kamm führt.

In Ober-Schmiedeberg befindet sich ein Uranstollen, in dem die Luft stark radonhaltig ist. Heute werden die ehemaligen Stollen als Inhalatorium und Liegekurort benutzt. Hier werden Erkrankungen der oberen Atemwege behandelt. Außerdem befindet sich in Schmiedeberg ein Tuberkulose- und Rheuma-Sanatorium. Im Sanatorium in Buchwald/Bukowiec kurierte sich Józef Gielniak (1932–1972), ein bekannter polnischer Graphiker.

Blick vom Landeshuter Kamm auf das Riesengebirge

SCHMIEDEBERG 75

Zwischen Schmiedeberg und Quirl/Kostrzyca liegt das Schloß Ruhberg/Ciszyca, ehemals Wohnsitz der Elise von Radziwiłł, der Jugendliebe Kaiser Wilhelms I.

Wichtigste Ausflüge von Schmiedeberg/Kowary

Ausgangspunkt aller Wanderwege ist das Stadtzentrum – an der ul. 1-go Maja beim Rathaus. Von hier sind es 10 Min. zum Hauptbahnhof der PKP und zur Bushaltestelle der PKS.

1. **Schmiedeberg** – **Landeshuter Kamm**/Rudawy Janowickie – **Friesensteine**/Skalnik, 1 Std. 50 Min., grüne Markierung, sehr lohnender Ausflug, zurück 1 Std. 10 Min.

2. **Schmiedeberg – Zillertal-Erdmannsdorf**/Mysłakowice: über Buchwald/Bukowiec – bis dahin blaue Markierung, weiter rote Markierung nach Zillertal-Erdmannsdorf/Myslakowice, 2 Std. 35 Min.

3. **Schmiedeberg – Schweizerhaus**/Szwajcarka: über Buchwald/Bukowiec nach Fischbach/Karpniki blaue Mark., weiter gelbe Mark., 3 Std.

4. **Schmiedeberg – Schmiedebergpaß** (727 m), blaue Mark., über Ober-Schmiedeberg, 1 Std. 45 Min., zurück 1 Std. 20 Min. Unterwegs sog. Pohlsche Schweiz/Uroczysko, eine Klamm, die Wände sind bis zu 40 m hoch; dieser Bach (Höllenbach/Pluszcz) bildet hier einen kleinen Wasserfall (etwa 3 m hoch). Nach einigen Minuten erreichen wir den Schmiedebergpaß/Przełęcz Kowarska (727 m). Hier verläuft die Grenze zwischen dem Riesengebirge und dem Landeshuter Kamm und zugleich die Brücke zwischen dem Hirschberger Tal und dem Landeshuter Talkessel. Der blau gekennzeichnete Wanderweg

Fahrt zum Schmiedebergpaß

hieß »Hungerstraße«, weil 1854/55 die beim Bau dieser Straße Beschäftigten als Tageslohn einen Laib Brot bekamen.

5. **Schmiedeberg – Jannowitz**/Janowice Wlk., die sog. Landeshuter Kammwanderung; bis zu den Friesensteinen grüne Mark., von dort aus bis zum Ochsenkopf/Wołek blaue Mark.; weiter mit schwarzer Mark. bis zur Ruine Bolzenschloß/Bolczów, von dort aus mit der grünen Mark. nach Jannowitz/Janowice Wlk. Die ganze Wanderung dauert 5 Stunden.

INS RIESENGEBIRGE

6. **Schmiedeberg – Grenzbauden**/Przełęcz Okraj, gelbe Mark., 2 Std. 30 Min., zurück 1 Std. 40 Min. Unterwegs sind die Annakapelle und die Filzfabrik zu sehen. Die Grenzbauden (1050 m) bilden die Staatsgrenze und die Grenze zwischen dem Schmiedebergkamm und dem Kolbenkamm. Dort befindet sich eine Berghütte (35 Betten, Buffet ganzjährig von 8 bis 20 Uhr geöffnet; Zufahrt von Schmiedeberg oder von Liebau/Lubawka). An den Grenzbauden ist auch ein Grenzübergang von Polen in die Tschechische Republik (für Fußgänger und Pkw). Auf der böhmischen Seite liegt die Ortschaft Kleinaupa/Horní-Malá Úpa.

7. **Schmiedeberg – Melzergrund** und **Schneekoppe**, über Buschvorwerk/Krzaczyna, 50 Min., Steinseiffen/Ściegny, 45 Min., Wolfshau/Wilcza Poręba, 1 Std. 15 Min. – grüne Mark., dann mit gelber Mark. in 3 Std. 15 Min. zur Melzergrundbaude/Schronisko nad Łomniczką, Melzergrund, von dort aus zum Schlesierhaus noch 1 Std. – rote Mark., und von der Baude ein Zickzackweg in 50 Min., rote Mark., zur Schneekoppe.

8. **Schmiedeberg – Grenzbauden**/Przełęcz Okraj – gelbe Mark., 2 Std. 30 Min., dann rechts den Kammweg hinauf zur **Schnee-**

koppe – rote Mark., vorbei am Eulengrund/Przełęcz Sowia (1164 m) zur Schwarzen Koppe/Czarna Kopa (1407 m) – Riesenkamm/Czarny Grzbiet – Schneekoppe noch 2 Std. 10 Min.

9. **Schmiedeberg** – **Tannenbaude**/Jedlinki – **Forstbaude**/Budniki – **Tafelstein**/Skalny Stół, gelbe Mark., 3 Std., zurück 1 Std. 40 Min. (etwas anstrengende Wanderung, aber sehenswert, Höhenunterschied 800 m). Unterwegs ist eine alte, verfallene Siedlung, Forstbaude/Budniki, zu sehen. Sie wurde nach dem Dreißigjährigen Krieg gegründet. Aufgrund des rauhen Klimas wurde die Waldsiedlung von den Bewohnern 1945 wieder verlassen. In den 50er Jahren dieses Jahrhunderts wurde hier auch Uranerz abgebaut, es sind noch mehrere Halden und Stollen zu sehen.

Von Forstbaude/Budniki führt die gelbe Mark. steil bergauf zum **Tafelstein** (1281 m), einem Aussichtspunkt im östlichen Teil des Riesengebirges, und zum Hirschberger Tal; der Berg wird von metamorphen, präkambrischen Chloritschiefern aufgebaut, im Mittelalter suchte man hier nach dem Mineral Granat.

10. **Tafelstein**/Skalny Stół – **Schmiedebergkamm**/Grzbiet Kowarski – **Grenzbauden** (1050 m), blaue Mark., 45 Min., zurück 1 Std. Die Wanderung führt bis in die Höhen der Baumgrenze. Die blaue Markierung führt uns durch den **Schmiedebergkamm;** die Durchschnittshöhe des Gebirgskammes liegt bei 1250 m. Er wird von metamorphen Gesteinen (Gneis, Granitgneis, Chloritschiefer mit Eisen-, Kupfer- und Bleierzen) aufgebaut.

11. **Schmiedebergpaß**/Przełęcz Kowarska (727 m) – **Grenzbauden**/Przełęcz Okraj (1050 m), gelbe Mark., 1 Std. 30 Min., zurück 1 Std.

Unterwegs ...

Steinseiffen/Ściegny

Steinseiffen (450 bis 550 m) liegt an der Straße von Schmiedeberg nach Krummhübel. Erstmals erwähnt wurde es schon im Jahre 1305. Hier arbeiteten Kohlenmeiler, die Holzkohle für die Schmieden in Schmiedeberg lieferten, und auch Schmieden, die das Eisenerz aus den Eisenerzgruben in Schmiedeberg hier verarbeitet haben.

Von Steinseiffen gibt es mehrere Möglichkeiten, ins Riesengebirge zu wandern (siehe Wanderwege von Schmiedeberg ins Gebirge).

Krummhübel/Karpacz

Krummhübel liegt am Fuß des höchsten Gipfels des Riesengebirges (und der Sudeten überhaupt), der Schneekoppe. Die Ortschaft ist in einer Höhe von 480 bis 885 Metern gelegen und besteht aus mehreren Teilen: erstens dem eigentlichen Krummhübel, zweitens aus Wolfshau/Wilcza Poręba, drittens aus Brückenberg/Karpacz-Górny und schließlich aus Querseiffen/Płóczki oder Zarzecze.

Das eigentliche Krummhübel liegt auf dem »Krummen Hübel«, einem Höcker, der von den Flußläufen der Großen und Kleinen Lomnitz begrenzt ist. Wolfshau, der nächste Stadtteil, liegt an der Kleinen Lomnitz. Brückenberg ist der höchstgelegene Klimakurort und Wintersportplatz des Riesengebirges. Der letzte Stadtteil von Krummhübel ist Querseiffen/Zarzecze und liegt im Lomnitztal zwischen Heidelberg/Karpatka und Schützenberg/Strzelec.

Blick auf die Schneekoppe

KRUMMHÜBEL

Im Jahre 1959 bekam Krummhübel die Stadtrechte, infolgedessen wurde die ehemalige Ortschaft Brückenberg zu Krummhübel eingemeindet.

Krummhübel hat 7300 ständige Einwohner; jährlich besuchen den Ort rund 180000 Gäste. Als Klimakurort und Wintersportplatz gehört es zu den bedeutendsten und meistbesuchten Plätzen des Riesengebirges.

Schon im Mittelalter förderte man, besonders im Eulengrund, Erze, Edelsteine, Gold und Silber und legte Kohlenmeiler an für die Lieferung von Holzkohle an die Schmieden in Schmiedeberg. Die erstmalige Erwähnung von Krummhübel als Siedlung auf dem »Krummen Hübel« stammt aus dem Jahre 1599. Im 17. Jh. entstanden im Zusammenhang mit der Entwicklung der Viehzucht neue Kolonien von Hirtenhütten. Im 17. und 18. Jh. war Krummhübel als Mittelpunkt volkstümlicher Kräutersammler, der sog. Laboranten, berühmt, deren aus Bergkräutern hergestellte Arzneimittel weit über die Grenzen Schlesiens hinaus gefragt waren. Die Namen einiger Arzneikräuter waren: Balsamus angelicus, Balsamus vitae, Spiritus cornu cervi.

Im 19. Jh. begann die Entwicklung des Fremdenverkehrs, besonders nach dem Bau der Eisenbahnlinie von Hirschberg durch Zillertal-Erdmannsdorf nach Krummhübel im Jahre 1895. Das ehemalige Dorf der Hirten, Weber und kräutersammelnden »Laboranten« wurde rasch zu einem Luftkurort umgestaltet und entwickelte sich zu einem Wintersportzentrum.

Zu den SEHENSWÜRDIGKEITEN der Ortschaft gehören: die Kirche Wang, der Gerichtskretscham, die Felsgruppe Raben-Steine/Krucze Skały sowie der Wasserfall von Lomnitz/Łomnica.

Die evangelische **Kirche Wang** liegt in einer Höhe von 885 m am höchsten Punkt der Ortschaft Brückenberg, am Schwarzen Berg, auf dem Weg zum Gipfel der Schneekoppe. Der Ursprung der Kirche Wang findet sich in Südnorwegen in der Provinz Valdres. Urkundlich wird sie erstmals – zusammen mit anderen Stabkirchen – in den Berichten der päpstlichen Nuntien während der

KRUMMHÜBEL 83

Jahre 1325 bis 1327 ausgewiesen. Schnitzereien an den Portalen
verweisen jedoch auf eine frühere Zeit der Errichtung. Nach fast
700 Jahren, in denen die Kirche norwegischen Bergbauern eine
Stätte der Andacht gewesen war, sollte sie wegen Baufälligkeit
abgerissen und ihre wertvollen, erhaltenen Teile versteigert werden. Vergeblich bemühte sich der norwegische Maler Dahl, das
Bauwerk im Osloer Stadtpark aufstellen zu lassen oder die kunst-
geschichtlich außerordentlich wertvollen Portale und Säulen zu-
mindest anderswo in Norwegen sinnvoll zu verwenden und zu
erhalten. Da Dahl – ein Schüler Caspar David Friedrichs – keine
Unterstützung fand, wandte er sich in seiner Sorge um die Erhal-
tung dieses Kleinods an den von allen Zeitgenossen als Kunstför-
derer gerühmten Preußen Friedrich Wilhelm IV. Der König war
begeistert von dem Kaufangebot. Schon am 18. Januar 1841 fand
die von der Bevölkerung mit großer Spannung erwartete Verstei-
gerung statt. Für 94 Speziestaler und 105 Schilling – nach dem
damaligen Wert etwa 427 Mark – ging das Kirchlein in die Hände
Dahls und damit – das wußten nur wenige – in das Eigentum des
Königs über. Noch im Sommer wurde vertragsgemäß mit dem
Abbruch begonnen. Ende Juli wurden die Bauteile mit dem Schiff
nach Stettin gebracht. Ein geräumiger Lastkahn brachte die Holz-
teile nach Berlin, wo sie den Winter über in der Vorhalle des
Alten Museums verwahrt wurden.

Auf Bitten der Gräfin Friederike von Reden, Gutsbesitzerin in
Buchwald unweit der Sommerresidenz König Friedr. Wilhelms IV.
in Erdmannsdorf, wurden die Teile der Kirche schließlich nach
Brückenberg in Schlesien gebracht. Am 28. Juli 1844 wurde die
Kirche Wang im Beisein des Königs, der Förderin Gräfin von
Reden, des Grundherrn Graf Schaffgotsch, vieler Ehrengäste und
je einem Bewohner aus jedem Haus der Gemeinde eingeweiht.

Der König ließ für Friederike Gräfin von Reden eine Gedenk-
stätte (etwa 50 m links vor der Kirche) errichten:

*»Johanne Juliane Friederike Gräfin v. Reden geb. Riedesel zu
Eisenbach, Wittwe seit 1815 des Staatsministers Grafen v. Reden geb.*

Kirche Wang im Ortsteil Brückenberg

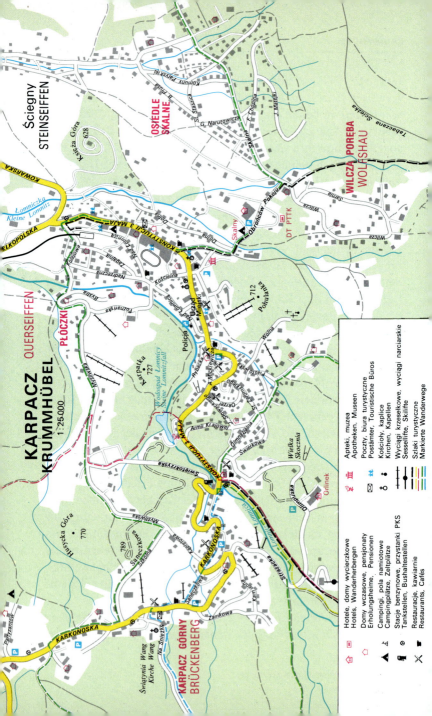

*zu Wolfenbüttel d. 12. Mai 1774, seelig entschlafen zu Buchwald
d. 14. Mai 1854.*

*Eine treue und demüthige Jüngerin Gottes ihres Heilandes, treu
im kleinsten, klar und beharrlich im schwierigsten, immer sich
gleich vor Hohen wie vor Niedern, eine Mutter der Armen, eine Zuflucht allen für Rath und Hülfe war sie eine Stütze des Rettungshau-
ses zu Schreiberhau, eine Pflegerin der Ansiedlung der um des evangelischen Willen Auswandernden Zillerthaler, im Jahre 1815 stiftete
sie mit ihrem Gemahl den Bibelverein in Schlesien, und stand dem-
selben vor bis an ihr seeliges Ende, die Hirschberger Bibel entzog
sie argem Vergessen zu neuer Verbreitung, die uralte Kirche von
Wang in Norwegen vom Untergang gerettet, wurde auf ihren Rath
hier neu aufgerichtet die Pfarrkirche der Bergbewohner. Im Jahre
1848, 74 Jahre alt, musste sie eine Zeitlang vor denen fliehen, die ihr
für leibliche und geistliche Wohlthat tief verpflichtet waren, sie ver-
galt ihnen mit doppelter Liebe und hat allso viele Herzen gewendet:
für Berg und Tal ein scheinendes Licht evangelischen Bekenntnisses.*

*Der Herr hat ihr alle Verheissungen erfüllt des Kampfes und der
Trübsal für ihn, wie des Sieges und der Seeligkeit in ihm, denen
gegeben, die ihn lieben.*

*König Friedrich Wilhelm IIII: seit Beginn des Jahrhunderts mit
der Freundschaft der Unvergesslichen beehrt, setzte ihr dieses Denkmal in unvergesslicher Liebe, Anerkennung und Dankbarkeit im
Jahre 1856.«*

Das Kirchlein ist eines der wenigen erhalten gebliebenen ro-
manischen Architekturdenkmäler der skandinavischen Holzbau-
kunst. Die Kirche besteht ausschließlich aus Holz mit reichen
Schnitzverzierungen (vier Portale und Säulenkapitelle). Die Kirche Wang ist ein typisches Beispiel für die zahlreichen norwegischen Stabholzkirchen. Der Kirchenraum, als Symbol für *die Kirche,* wird dabei als ein Schiff aufgefaßt, in dem die Jünger Christi
durch das stürmische Wasser (des Lebens) fahren. Das Wort *Stab*
ist abgeleitet vom norwegischen »stav«. Jesus wird bei diesem
Schiff als unsichtbarer Mast angesehen. Die meisten dieser Kir-

chen haben als Grundkonstruktion zwölf aufrechte »Stiele«, wie die Zimmerleute sagen. Diese zwölf Stiele entsprechen den zwölf Aposteln. Ihre Querbalken sind »vernutet« und »gespundet«. Das entspricht alter Zimmermannskunst. Die Stabholzkirche Wang dient jetzt auch einer evangelischen Kirchengemeinde als Andachtsstätte und wird von den Besuchern des Riesengebirges gern aufgesucht (Anschrift: Parafia Ewangelicka, ul. Śnieżki 8, 58-550 Karpacz-Górny, Tel./Fax 075/619228; Besichtigungszeiten: täglich von 9 bis 17 Uhr, in der Sommerzeit bis 18 Uhr; Gottesdienst: an Sonn- und Feiertagen um 10 Uhr, in deutscher Sprache im Sommer um 9 Uhr; gelegentlich finden hier auch Konzerte statt).

Der **Gerichtskretscham,** die ehemalige Gerichts-Schenke (jetzt das Hotel »Bachus«), liegt im Zentrum der Stadt. Gegenüber steht ein gewaltiger Baum, die Gerichtslinde (etwa 5 m Umfang). Die Bezeichnung geht zurück auf die einst an diesem Ort abgehaltenen Gerichtsverhandlungen mit der Rechtsprechung der Schulzen. In der Nähe des Gerichtskretschams befinden sich zwei zu Beginn des 20. Jh. errichtete Kirchen.

Die **Felsgruppe Raben-Steine/Krucze Skały** befindet sich in der Nähe von Wolfshau. Sie besteht aus uraltem, zum Fluß hin steil abfallendem Gneisgestein und ist 25 m hoch. Zwei flache Höhlen sind im 19. Jh. durch Ausbeutung der Pegmatitgesteine, die außer Feldspat auch seltene Minerale wie Turmalin, Korund und sogar Saphir enthielten, entstanden. Im Sommer kann man dort Kletterer bei ihrem Sport beobachten.

Das **Museum für Touristik und Sport** (ul. Kopernika 2, Tel. 075/619652, ehemaliges Heimatmuseum) wurde im September 1974 eröffnet. Hier können interessante Exponate besichtigt werden, die die Natur der Bergwelt, die Bewirtschaftung durch Menschen sowie die Geschichte der Touristik und des Wintersports im Riesengebirge darstellen.

Heimatmuseum in Krummhübel

Sporteinrichtungen

Ein Sessellift führt zur Kleinen Koppe; die Talstation befindet sich auf einer Höhe von 795 m, die Bergstation auf 1322 m. Die Länge der Strecke beträgt 2278 m, die Fahrt dauert 15 Min. Die Kapazität beläuft sich auf 560 Personen/Std. Der Sessellift ist im Sommer von 8.30 bis 17 Uhr und im Winter von 9 bis 16 Uhr in Betrieb (Höhenunterschied 529 m; Auskunft: Tel. 075/619284). Im Winter kann man folgende **Abfahrtsskipisten** benutzen: von der Kleinen Koppe (Beginn bei der Bergstation des Sesselliftes) hinab zur Talstation, Länge 2600 m, Höhenunterschied 527 m; die nächste Skipiste, »Złotówka« genannt, beginnt in der Nähe der Hampelbaude/Strzecha Akademicka, Länge 2600 m, Höhenunterschied 426 m.

Blick auf Krummhübel und die Falkenberge

In Krummhübel befinden sich: drei **Skisprungschanzen** (die erste, »Orlinek«, bei der Teichmannbaude; die zweite, »Karpatka«, fast im Zentrum von Krummhübel und die dritte in Querseiffen), eine **Rodelbahn,** die an der Hampelbaude beginnt, und eine **Rodelbahn** im Zentrum der Stadt, 1560 m lang, Höhendifferenz 114 m. In Krummhübel stehen den Gästen auch die Freibäder in Brückenberg und in Wolfshau zur Verfügung. Im Hotel »Skalny« gibt es darüber hinaus ein Hallenbad, das auch Nicht-Hotelgäste benutzen können.

Zufahrt: 1. Zugverbindung von Hirschberg/Jelenia Góra, Hauptbahnhof PKP (ul. 1-go Maja 77, Tel. 075/23936), nach Krummhübel/Karpacz (Bahnhof, ul. Kolejowa 3, Tel. 075/619684). – 2. Busverbindung vom Busbahnhof (ul. Obrońców Pokoju 2, Tel. 075/646936) in Hirschberg/Jelenia Góra am

Blick auf Krummhübel

Bahnhofsvorplatz (eine Strecke über Schmiedeberg/Kowary, die andere über Bad Warmbrunn/Cieplice und Seidorf/Sosnówka). – 3. Mit dem Pkw von Jelenia Góra nach Karpacz.

Wandermöglichkeiten in die Umgebung von Krummhübel/Karpacz

Der Ausgangspunkt für die Mehrzahl der touristischen Wanderwege liegt beim Hotel »Biały Jar« in einer Höhe von 700 m (zu beachten sind die markierten Wanderwege). Hier befindet sich auch eine PKS-Bushaltestelle.

1. **Krummhübel – Schneekoppe** (1603 m). Der Berg ist ein kahler, abgestumpfter Kegel, der den Kamm des Riesengebirges um etwa 200 m überragt. Auf dem etwa 50 m breiten und 60 m langen Gipfelplateau, über welches die schlesisch-böhmische Grenze verläuft, liegen die runde Laurentiuskapelle und zwei Bauden, eine auf schlesischer (die letzte 1974 erbaut) und eine auf böhmischer Seite, sowie die neue Wetterwarte (fertigge-

stellt 1976). Die alte Wetterwarte, die im Jahr 1900 mit großem Kostenaufwand errichtet worden war, wurde 1989 abgerissen. Die Aussicht ist weit umfassend und besonders bei Sonnenaufgang sehr beeindruckend; die Fernsicht beträgt bei klarem Wetter mehr als 100 km. Großartig ist der Blick in die nächste Umgebung, in den wilden, düsteren, von den Felswänden des Brunnberges umrahmten Riesengrund nach Süden, in den Melzergrund/Dolina Łomniczki nach Norden, über den mit Moortümpeln und Knieholz bedeckten Koppenplan/Równia pod Śnieżką und über den Riesenkamm mit dem tief eingeschnittenen, wild-romantischen Löwengrund nach Nordosten.

In dem schlesischen Mundartstück »Der Bergkrach« von Paul Keller wird eine erregte Diskussion der verschiedenen schlesischen Berge um die Vorherrschaft in Schlesien beschrieben. Zuletzt faucht der Zobtenberg:

»Schniekuppe! Und du bist duch ane ale Gake!«

Schneekoppe: »Was! Du Fatzke! – Was unterstiehste dich! Bin ich nich eure Keenigin!«

Zobten: »Nee, du bist ne ale Gake! …«

Hohes Rad (entrüstet betonend): »Provo-zie-ren! – Ach, es ist entsetzlich, unter solchen Banausen zu leben!«

Schneekoppe: »Ja, ja, Exzellenz, das sage ich auch, und Exzellenz wissen doch, ich bin eine gebildete Frau. Ich verkehre mit Breslauern, Berlinern, Engländern und sogar Amerikanern …«

Zobten (hebt seine Jacke vom Hinterteil): »Ihr kinnt mich oalle oam … Omd besucha! …«

Dann meldet sich zu Wort auch der Herrscher im Riesengebirge – der Rübezahl (kopfschüttelnd den Tumult betrachtend, endlich einschreitend): »Ruhe …! Ruhe …! Pst! Seid still!!! Zuviel des Guten verdirbt das Spiel!«

(Die Erregung ebbt ab, nur der Zobten knurrt dazwischen.)

Im Sommer… und im Winter auf der Schneekoppe
(Herberge und Laurentiuskapelle)

Rübezahl: »Seid hübsch artig, meine lieben Kinderla. Ihr seid ja
oalle su hibsche, schmucke Perschla und Madla (Burschen und Mäd-
chen)! Ihr mißt euch nie händeln! Nahmt eure Sacha und gieht wieder
heem! – Lät euch durte hibsch schloafa! Und wenn ihr murne frieh
wieder uffstieht, doa flecht ich jedem an lichta, guldna Kranz ei die
Hoare. Poackt ei, Kinderla! Gieht heem ... gieht schloafa!«

(Rübezahl geht zu allen, streichelt sie beruhigend; nur der Zobten
und der Geiersberg bleiben, sich mokierend, sitzen; er geht zu ihnen):

»Nu, Zota (Zobtenberg), du Knurrkupp, du mußt denn dicka Kopp
duch nie immer kunträr setza! Stieh uff! Gieh heem! Gieh schloafa,
schien schloafa!«

Zobten und Geiersberg (stehen auf, gehen: der Zobten aber wen-
det sich dabei gegen die zuletzt schreitende Schneekoppe):

»Und du bist doch anne ale Gake (alte Gans)!«   (26, S. 77–86)

Oft wurde früher das Lied »Riesengebirglers Heimat« von V. Hampel
gesungen (26, S. 93–94):

Blaue Berge, grüne Täler,
mitten drin ein Häuslein klein.
Herrlich ist das Stückchen Erde,
und ich bin ja dort daheim.

Als ich einst ins Land gezogen,
ha'm die Berg mit mir nachgesehn.
Mit der Kindheit, mit der Jugend,
weiß nicht recht, wie mir geschehn.

O mein liebes Riesengebirge,
wo die Elbe so heimlich rinnt,
wo der Rübezahl mit seinen Zwergen
heut noch Sagen und Märchen spinnt ...

AUFSTIEGE ZUR SCHNEEKOPPE

a) durch den **Melzergrund**/Dolina Łomniczki, rote Mark., 3 Std. 50 Min.; im Winter ist er wegen Lawinengefahr nur bis zur Melzergrundbaude (1003 m) begehbar. Diese Baude ist von Wolfshau in 45 Min., gelbe Mark., und auch von Karpacz-Górny in 1 Std., rote Mark., zu erreichen. Die rote Markierung bis zur Melzergrundbaude ist auch als Fahrradweg benutzbar. Der **Melzergrund** ist eine Karnische, die von der Schneekoppe und der Schwarzen Koppe von Osten, von der Kleinen Koppe im Westen und vom Koppenplan im Süden begrenzt wird. Im

Schneekoppe

Hampelbaude

Melzergrund, seit 1929 Naturschutzgebiet, gibt es einige Wasserfälle. Dank der Bemühungen von Bergführern wurde 1986 ein symbolischer Friedhof für die Opfer der Berge am Rande des Melzergrundes, dicht an der roten Markierung, errichtet.

b) mit dem **Sessellift zur Kleinen Koppe** (1375 m), 14 Min. Fahrtzeit, dann weiter (schwarze Mark.) zum Schlesierhaus/Schronisko na Równi pod Śnieżką (1420 m), 30 Min., und weiter, rote Mark., zur Schneekoppe, noch ca. 30 Min. (steil, etwas anstrengend).

c) über den **Schlesierhausweg**/Śląska Droga, schwarze Mark., bis zum Schlesierhaus, 2 Std. 10 Min. Unterwegs passiert man die **Seiffengrube**/Biały Jar; sie bildet eine Nivalnische, deren Entstehung z. T. auf ein begonnenes Gletscherkar, z. T. auf Erosionsvorgänge zurückzuführen ist. Im Winter ist der Weg wegen extremer Lawinengefahr nicht zugänglich. (Am 20. März 1968

Riesengebirge im Sommer

KRUMMHÜBEL/SCHNEEKOPPE 95

kamen bei einem Lawinenunglück 19 Personen ums Leben.) Dann folgt ein kurzes, etwas steileres Stück, danach scharf östlich umbiegend bis auf den Koppenplan und zum Schlesierhaus, weiter, noch 30 Min. (rote Mark.), zur Schneekoppe.

d) über die **Hampelbaude**/Strzecha Akademicka, bis dort gelbe Mark. (1 Std. 45 Min.). Dieser Weg wurde früher im Winter als Schlittenpiste benutzt. Darauf weist ein auf Granit eingemeißeltes Hörnerschlittenzeichen hin. Der Weg ist wegen vieler Steinblöcke anstrengend! Dann weiter, 40 Min., bis zum Schlesierhaus (blaue Mark.), von dort zum Gipfel noch 30 Min. (rote Mark.).

e) über **Brückenberg**/Karpacz-Górny – **Kirche Wang** – **Kleine Teichbaude**/Schronisko »Samotnia« – **Hampelbaude**/Strzecha Akademicka – **Schlesierhaus**/Schronisko na Równi pod Śnieżką – bis dahin blaue Mark., 3 Std., weiter noch 30 Min. (rote Mark.) zum Gipfel. – Diese Wanderung bietet zahlreiche

Ruhepause an der Kleinen Teichbaude

Ausblicke und ein einzigartiges Panorama der Schneekoppe, des Riesengebirgs-Hauptkammes, der Dreisteine, eines Teils des Großen Teiches, des Mittagsteins, des Kleinen Teichs und des Hirschberger Tals. Der Wanderweg, ab der Kirche Wang Kopfsteinpflaster, führt an der Höhe der Polana vorbei. Von dort aus sind die Dreisteine/Pielgrzymy gut sichtbar, das sind bis zu 25 m hohe, alleinstehende Granitfelsen. Sie gehören zu den schönsten Gesteinsformationen im Riesengebirge und sind durch ungleichmäßige Verwitterung verschieden harter Partien des Granits entstanden. Die blaue Markierung führt weiter zu einer Gabelung (Ziegenbrücke/Kozi Mostek) und dann scharf rechts ab (im Winter wegen Lawinengefahr gesperrt). Bleibt man auf der Pflasterstraße, gelangt man direkt zur Hampelbaude. Von der Pflasterstraße kann man zwei Abstecher machen, einmal zur Baude »St. Leonhard am Kleinen Teich«/Domek Myśliwski (eine schöne, aus Holz angefertigte Bergbaude, errichtet im Jahre 1924, mit 15 Bettplätzen, Buffet,

Bergrettungsdienststation GOPR, Tel. 075/619419) oder zur Kleinen Teichbaude. Mit ihrem Glockentürmchen und dem schlesischen Umgebinde ist die Kleine Teichbaude die schönste Bergbaude des Riesengebirges. Man genießt einen wunderbaren Ausblick auf den Kleinen Teich und den Kammweg. Die Gäste werden hier mit ausgezeichnetem Essen verwöhnt. Die Baude verfügt über 60 Betten (zum Teil auch Etagenbetten). In der Gaststube mahnt ein alter Sinnspruch: *»Zeit eilt - Zeit heilt«.* Der blau markierte Weg von der Kirche Wang bis zur Kleinen Teichbaude und zur Hampelbaude ist zugleich ein Fahrradweg.

Blick von Brückenberg zur Schneekoppe

Seiten 98/99: Riesengebirge im Frühling

2. **Krummhübel – Kessel des Großen Teiches**/Wielki Staw, das große Gletscherkar im Riesengebirge, grüne Mark. (1 Std. 15 Min.) zur Hochebene bei der Polana, dann mit grüner Mark. noch 1 Std. zum oberen Rand des Großen Teiches; oder von der Schlingelbaude aus mit gelber Mark. zu den **Dreisteinen**/Pielgrzymy und entlang der gelben Mark. zum **Mittagstein**/Słonecznik (1 Std. 20 Min.).

3. **Krummhübel – Gräber Berg**/Grabowiec, rote Mark. (1 Std. 20 Min.); evtl. weiter, noch 2 Std., nach **Zillertal-Erdmannsdorf**/Mysłakowice.

St.-Anna-Kapelle am Gräber Berg

KRUMMHÜBEL **101**

4. **Krummhübel – Kirche Wang,** blaue Mark. (40 Min.); weiter, gelbe Mark., in 45 Min. zur **St.-Anna-Kapelle** am Gräber Berg/ Grabowiec. Die barocke St.-Anna-Kapelle wurde 1718 auf ovalem Grundriß errichtet. Nahe der Kapelle entspringt die alte Kultquelle, genannt »Gute Quelle« (s. S. 26).

5. Ein **Naturlehrpfad,** Hochebene der **Schlingelbaude**/Polana – **Ziegenbrücke**/Kozi Mostek – **St. Leonhard am Kleinen Teich – Kleiner Teich**/Mały Staw – **Seiffenlehne – Hochebene der Prinz-Heinrich-Baude – Großer Teich**/Wielki Staw – **Mittagstein**/Słonecznik – **Dreisteine – Schlingelbaude,** markiert durch weiße Quadrate mit einem grünen Diagonalstreifen, ca. 6 Std.

6. **Krummhübel** (Bahnhof PKP, 535 m) – **Wolfshau**/Wilcza Poręba – **Rabenfelsen**/Krucze Skały – **Eulengrund**/Sowia Dolina – **Eulenpaß**/Przełęcz Sowia (1164 m), schwarze Mark., 2 Std. 15 Min., zurück 1 Std. 45 Min. – Die Wanderung bis zur sog. Breiten Brücke/Szeroki Most ist ziemlich bequem, dann bergaufwärts etwas anstrengend. Der Weg führt durch den **Eulengrund**/Sowia Dolina. Hier grenzt das Gebirgsmassiv der Schwarzen Koppe/Czarna Kopa an den Schmiedebergkamm/ Grzbiet Kowarski. Im Eulengrund suchten bereits im Mittelalter die Wallonen nach Erzen (Kupfer, Blei, Eisen), die Gruben waren bis in die zweite Hälfte des 19. Jh. in Betrieb. – Weiter führt die schwarze Markierung steil bergauf bis zum Eulenpaß (1164 m).

7. **Krummhübel – Forstbaude**/Budniki – **Grenzbauden**/Przełęcz Okraj (1050 m), grüne Mark., 2 Std. 45 Min., zurück 2 Std. 15 Min.

Der **zweite Ausgangspunkt** der Wanderwege liegt beim Bahnhof in **Krummhübel** (535 m).

Gelbe Mark.: über Wolfshau bis zur Melzergrundbaude/ Schronisko nad Łomniczką, 1 Std. 45 Min.; **schwarze Mark.** bis zum Eulengrund/Sowia Dolina, dann **rote Mark.** zur Schwarzen Koppe/Czarna Kopa und Schneekoppe, 3 Std. 45 Min.; **grüne Mark.** über Querseiffen/Zarzecze nach Brückenberg/Karpacz-Górny, 1 Std. 10 Min., auch grüne Mark. nach Schmiedeberg/Kowary 3 Std. 10 Min.

Arnsdorf/Milków

Arnsdorf, 413 bis 580 m, 4 km lang, 2500 Einwohner, ist eine geschätzte Sommerfrische. Der obere Teil des langgestreckten Dorfes wurde »Dittrich« genannt. Bahn- und Busverbindungen existieren mit Hirschberg/Jelenia Góra und Krummhübel/ Karpacz. – *Zufahrt:* mit dem Pkw entweder von Hirschberg in Richtung Krummhübel (dann rechts abbiegen) oder von Hirschberg über Bad Warmbrunn/Cieplice bzw. von Schreiberhau/ Szklarska Poręba in Richtung Schmiedeberg (Straße Nr. 366).

Ein Freischwimmbad an der Lomnitz (an der Straße Jelenia Góra – Karpacz) bringt im Sommer Abkühlung.

Erste Erwähnung fand das Dorf im Jahre 1305. Seit dem Dreißigjährigen Krieg war es bis zum 19. Jh. Eigentum des Grafen von Zierotin, dann des Matuschka Freiherrn von Topolczan und Spätgen. Im 19. Jh. entwickelte sich das Handwerk (Schmieden, Ziegelfabrik, Mühle, Papierfabrik, die bis heute arbeitet).

Sehenswert ist die katholische Kirche; die ältesten Teile gehen bis in die Zeit der Gotik zurück. Die Ausschmückung im Innern ist im Barockstil gehalten. Der neugotische Turm stammt aus dem 19. Jh. An der Kirchenmauer sind drei Sühnekreuze und eine Staupsäule aus dem 18. Jh. zu sehen. Die ehemalige evangelische, barocke Kirche von 1755 ist baufällig. Im früheren Schloß der Grafen von Schmettau ist jetzt ein Reiterhof (Reiterschule) untergebracht.

Die wichtigsten Wanderungen

1. **Arnsdorf – Kirche Wang,** bis zu den letzten Häusern im oberen Dorf, weiter zum Brückenbergpaß (820 m) ohne Mark.; dann links (gelbe Mark.) bis zu einem Restaurant, von dort aus rechts hinauf (7 Min., blaue Mark.) zur Kirche, zusammmen 1 Std. 30 Min.

2. **Arnsdorf – St.-Anna-Kapelle,** blaue Mark., 1 Std., sehr lohnender Weg. Rechts, unweit der Kapelle, entspringt die radonhaltige Quelle, die seit Jahrhunderten Guter oder Heiliger Born genannt wird. Sie geht auf einen heidnischen Kult aus der Zeit des Neolithikums zurück. Darauf weisen Namen wie Hexentreppe/Babia Ścieżka und Heidentilke (Heidental) hin. Um den Fortbestand dieses Kults zu verhindern, baute man schon 1203 die katholische St.-Anna-Kapelle.

3. **Arnsdorf – Krummhübel,** über Ober-Arnsdorf, Querseiffen/ Zarzecze; schöner, aussichtsreicher Weg ohne Mark. (eine unbefestigte Straße), 1 Std. (siehe Wanderwege von Krummhübel/Karpacz ins Riesengebirge).

Arnsdorf grenzt von Südosten an Zillertal-Erdmannsdorf.

Zillertal-Erdmannsdorf/Mysłakowice

Zillertal-Erdmannsdorf (376 bis 410 m, ca. 4500 Einwohner) liegt im Lomnitztal im Hirschberger Tal. 1937 wurde die Doppelortschaft aus den zwei Gemeinden Erdmannsdorf und Zillertal zusammengeschlossen.

Schon 1385 war hier ein Herrschaftssitz. 1816 erwarb Neidhardt Graf von Gneisenau das Gut. Nach dessen Tod ging es 1832 an den preußischen König Friedrich Wilhelm III. (gekauft

Schloß in Zillertal-Erdmannsdorf

für 156 000 Taler) über. Der kommende Besitzer baute das Herrenhaus um, vollendet wurde es 1844 unter König Friedrich Wilhelm IV. im neugotischen Stil. Der Baumeister dieses Umbaues war August Stüler.

Das **Schloß** war eine Sommerresidenz der königlichen Familie. Hier weilten die bedeutendsten Persönlichkeiten Europas zu Besuch, u. a. 1830 der russische Zar Nikolaus I., 1846 der König der Niederlande und 1860 König Ludwig I. von Bayern. Hier trafen sich auch die benachbarten Adelsfamilien aus Fischbach (Prinz Wilhelm), aus Buchwald (Gräfin von Reden) und aus Schildau (1839 kaufte König Wilhelm III. das Schloß für seine Tochter, Prinzessin Luise der Niederlande, in deren Familie das Schloß bis 1908 verblieb). Der Speisesaal enthielt einst das wertvolle Gemälde »Gründung des Klosters Trebnitz durch Heinrich I. von Schlesien und seine Gemahlin, die heilige Hedwig«. Auf dem ehe-

Evangelische Kirche in Zillertal-Erdmannsdorf

maligen Humboldtplatz im Park stand ein Tor, zusammengefügt aus den Kiefern eines Walfisches. Heute ist im Schloß eine Schule untergebracht.

Rings um das Schloß erstreckt sich eine Parkanlage, die durch P. J. Lenné im romantischen Stil umgestaltet wurde. Früher gab es hier kleine Wasserfälle und Teichanlagen. Am Rande des Parkes erhebt sich die 1840 auf Kosten König Friedrich Wilhelms III. erbaute **evangelische Kirche.** Sie wurde nach einem klassizistischen Entwurf von K. F. Schinkel erbaut.

Der nächste Umbau folgte 1858. Die Vorhalle der Kirche ruht auf zwei aus Pompeji stammenden Säulen, einem Geschenk Friedrich Wilhelms IV. Heute dient die Kirche den katholischen Christen als Andachtsstätte.

In Erdmannsdorf starb am 18. Dezember 1890 der langjährige Mitarbeiter der Flachsspinnerei Theodor Donath, geb. 1844 zu Tauchritz bei Görlitz. Sein Name ist eng mit den Bergen Schlesiens verknüpft. Er rief den Riesengebirgsverein ins Leben. Diesem widmete er sich bis an sein Lebensende. Mehrere Wanderwege waren nach ihm benannt.

Im Ortsteil Zillertal bewundern wir zahlreiche *Tiroler Häuser*. Beschäftigung finden die Einheimischen in einer Flachsgarnspinnerei (Anschrift: Zakłady Lniarskie »Orzeł«, 58-533 Mysłakowice, ul. Daszyńskiego 16, Tel. 075/131491, Fax 075/131487; gegründet 1844, Verkauf im Gebäude. Besichtigung möglich, bitte rechtzeitig anmelden), einer Fabrik für technisches Porzellan und in einem Sägewerk.

Schneekoppe, gesehen vom Koppenplan

Schneekoppe im Winter und im Sommer

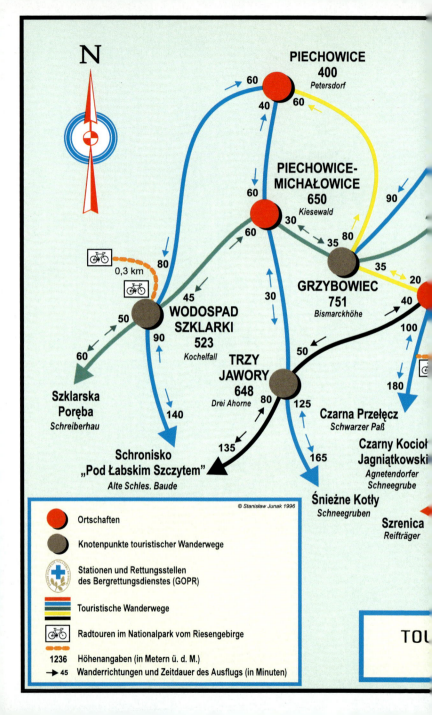

Mittlerer Teil des Riesengebirges mit dem Vorland

Zwischen dem Mittagstein/Słonecznik (1423 m) und den Mann-steinen/Czeskie Kamienie (1416 m) erstreckt sich das Hain-wassertal/Dolina Podgórnej mit seinem wichtigsten Nebenfluß Rote Wasser/Czerwień das Riesengebirge herunter. In Hain ist ein Besuch des 10 m hohen Hainfalls sowie der »Goldenen Aus-sicht« (der Name kommt von der schönen Aussicht ins Riesen-gebirge und das Vorland) sehr empfehlenswert.

Der mittlere Teil des Gebirges bildet eine Einsenkung im Hauptkamm bis 1178 m und 1198 m beim Spindlerpaß/Przełęcz Karkonoska. Unweit davon in Richtung Mittagstein befinden sich das Kleine Rad/Tępy Szczyt (1388 m) und die Kleine Sturmhaube/ Mały Szyszak (1436 m). In westlicher Richtung liegen die Mädel-steine/Śląskie Kamienie (1413 m) und die Mannsteine/Czeskie Kamienie (1416 m). Im Vorland dieses Gebirges befinden sich die Ortschaften Seidorf/Sosnówka, Baberhäuser/Borowice, Hain/ Przesieka, Saalberg/Zachełmie und Giersdorf/Podgórzyn.

Am Weg von Seidorf nach Giersdorf wird ein Stausee als Was-serspeicher für die Stadt Hirschberg gebaut.

Seidorf/Sosnówka

Unterseidorf liegt zwischen dem Hirschberger Tal und dem Vorland des Riesengebirges in einer Höhe von 370 bis 420 m nördlich des Gräber Berges/Grabowiec. Busverbindungen mit Hirschberg und Krummhübel sorgen für eine schnelle Anbin-dung. Unweit vom Zentrum (bei der Bushaltestelle PKS) liegt das Freischwimmbad, das im Sommer geöffnet ist.

Erstmalig erwähnt wird das Dorf im Jahre 1305. Die katho-lische Pfarrkirche St. Martin ist ein Barockbau von 1796/97 des Oppelner Baumeisters Johann Georg Rudolf (die Glocke aus

SEIDORF

»Tiroler Haus«

dem Jahr 1514 hat 93 cm Umfang). Die evangelische Kirche von 1816/20 (jetzt katholisch) ist ebenfalls ein Barockbau mit Ausschmückungen aus der ersten Hälfte des 19. Jh. im Innern.

Am Rande des Ortes (Richtung Miłków) sind einige sog. Tiroler Häuser zu sehen. An einem von ihnen, an der Hauptstraße gelegen, ist auf der Balkonbrüstung eine Inschrift zu lesen: *»Gott segne König Friedrich Wilhelm III.«*.

Im Jahre 1837 ließen sich hier evangelische Bürger aus dem Zillertal in Tirol nieder. Nachdem sie in der Habsburgermonarchie auf kirchliche Betreuung verzichten mußten, entsannen sie sich der toleranten Haltung des preußischen Königs Friedrich Wilhelm III., der ihnen erlaubte, sich im Riesengebirge anzusiedeln. Der König stellte ihnen Land von seinem Gut Erdmannsdorf zur Verfügung. Hierbei half die Gräfin Friederike von Reden. Die Zillertaler nahmen ihre Sitten und Gebräuche aus der Heimat mit. Sie errichteten ihre Häuser im Tiroler Stil. Der König gründete 1844 eine Weberei, die noch heute produziert.

Blick auf das Vorland des Riesengebirges

Die wichtigsten Wanderwege

Ausgangspunkte sind entweder am Ortseingang bei der Bushaltestelle PKS auf 380 m Höhe oder in Oberseidorf/Górna Sosnówka (auf einer Höhe von etwa 720 m).

1. **Oberseidorf**/Sosnówka – **Gute Quelle** – **St.-Anna-Kapelle** (668 m) – gelbe Mark., hin 1 Std., zurück 45 Min., von der St.-Anna-Kapelle weiter oben (rote Mark.) nach Krummhübel/Karpacz 1 Std. oder gelbe Mark. nach Brückenberg/Karpacz-Górny (über Stirnberg/Czoło) 1 Std.

2. **Seidorf**/Sosnówka – **Ida-Esche**/Jesion Idy (542 m) – **Hainfall**/
Wodospad Podgórnej – **Hain**/Przesieka (Goldene Aussicht),
schwarze Mark., 2 Std. hin, 1 Std. 45 Min. zurück.

3. **Seidorf**/Sosnówka – **Stangenberg**/Grodna (506 m), gelbe
Mark., 40 Min. Auf der linken Seite ist eine große Baustelle zu
sehen. Hier wird ein Wasserspeicher für die Stadt Hirschberg/
Jelenia Góra auf dem Flüßchen Rotes Wasser/Czerwonka
gebaut (geplante Wasserfläche 178 ha, Tiefe bis 19 m, Inhalt
14 Mio. m^3 Wasser). Auf dem Stangenberg/Grodna liegt die
künstlich erbaute Ruine Heinrichsburg (erbaut 1806/42 durch
Prinz von Reuss XIII. aus dem nahe gelegenen Stonsdorf/Sta-
niszów; von der Ruine umfassende Rundsicht). Weiter auch
gelbe Mark. nach Stonsdorf (bekannt durch »Echt Stonsdorfer« Likör, gegr. 1810 in Stonsdorf, jetzt in Norderstedt nördlich von Hamburg) und anschließend nach Hirschberg; zusammen 3 Std. und 30 Min.

Oberseidorf/Górna Sosnówka (bis 720 m hoch) liegt im Gebirgsvorland des Riesengebirges oberhalb von Unterseidorf zwischen
dem Roten Wasser/Czerwień und dem Gräber Berg/Grabowiec
und ist vor allem als Luftkurort und Sommerfrische mit dem herrlichen Panorama des Riesengebirges bekannt.

Baberhäuser/Borowice

Unweit von Oberseidorf/Górna Sosnówka liegt Baberhäuser/
Borowice (625 bis 710 m hoch) im Tal der fünf Bäche Helles
Wasser/Jeleni Potok, Tannen-Wasser/Jodłówka, Brücken-Wasser/
Modrzyk, Lange-Brücken-Wasser/Borówka, Grenzwasser/Granicz-
nik, umgeben von bewaldeten Hängen des Riesengebirges – eine
ruhige Sommerfrische und Luftkurort. Das Dorf wurde im Dreißigjährigen Krieg von einem Holzfäller aus der Schweiz gegrün-

det (er wurde wegen seines Glaubens vertrieben). Bis heute sind zahlreiche Umgebindehäuser zu sehen. Im Winter gibt es hier Möglichkeiten für Langlauf und Abfahrtsski.

Zufahrt: 1. mit dem Linienbus Nr. 4 von Hirschberg/Jelenia Góra über Bad Warmbrunn/Cieplice nach Giersdorf/Podgórzyn; 2. mit dem Pkw von Hirschberg nach Giersdorf in Richtung Hain/Przesieka, in Ober-Giersdorf links über zwei Brücken Richtung Baberhäuser/Borowice und Brückenberg/Karpacz.

Wanderwege in die Umgebung

Der Ausgangspunkt ist bei der Sudetenstraße, 100 m südlich der Bushaltestelle der MZK bei der alten Birke (630 m).

1. **Baberhäuser – Brückenberg**/Karpacz-Górny, grüne Mark., 1 Std. 10 Min.

2. **Baberhäuser – Gute Quelle – St.-Anna-Kapelle,** blaue Mark., 55 Min.

3. **Baberhäuser – Hainfall**/Wodospad Podgórnej – **Hain**/Przesieka, gelbe Mark. (40 Min.) bzw. grüne Mark. (50 Min.).

4. Andere Wanderwege: zur **Burgruine Kynast**/Chojnik über Hain/Przesieka, Saalberg/Zachełmie – grüne Mark., 2 Std. 15 Min.; oder zur **Schneekoppe** durch die Hochebene der Schlingelbaude/Polana mit der gelben Mark., 1 Std. 45 Min.; von dort aus weiter (blaue Mark.) zur **Kleinen Teichbaude**/Samotnia, Hampelbaude/Strzecha Akademicka, 4 Std. (andere Möglichkeit zur Schneekoppe: über die Hochebene der **Schlingelbaude**/Polana, weiter über Dreisteine/Pielgrzymy, Mittagstein/Słonecznik [bis dahin gelbe Mark.] und dann mit roter Mark. den Kammweg entlang zum Gipfel, 4 Std. 25 Min.).

Fischer am Giersdorfer Teich

Giersdorf/Podgórzyn

Die 4 km lange Ortschaft am Giersdorfer Wasser/Podgórna (320 bis 480 m) bietet in ihren verschiedenen Teilen die schönsten Ausblicke sowohl auf das Hochgebirge als auch auf das Hirschberger Tal.

Im Niederdorf lag die Schaffgotschsche Forellenzucht, jetzt Karpfenzuchtanstalt, unweit der Teichschänke. Ganz in der Nähe befindet sich schon seit 70 Jahren ein Storchennest auf einem kahlen Baum. Die erste Erwähnung des Dorfes stammt aus dem Jahre 1305. Im 17. Jh. war der Ort durch eine Kanonen- und Glockengießerei bekannt. Im Jahre 1681 begann die Papierfabrik ihre Produktion, und ab dem Jahre 1852 stellte hier eine Holzschleiferei, die erste in Niederschlesien, Produkte für die Papierindustrie her. Ende des 19. Jh. arbeiteten hier auch Kristallschleifereien.

Die spätbarocke Kirche aus dem Jahre 1792 wurde auf den Überresten eines mittelalterlichen Bauwerkes errichtet. Das evangelische Bethaus am Ortsrand (gebaut im Jahre 1780) wurde 1983 von der katholischen Gemeinde restauriert. Zahlreiche Ausflüge und Wege führen über Hain/Przesieka auf den Kamm hinauf. *Zufahrt:* 1. Mit dem Linienbus (MZK) von Hirschberg/Jelenia Góra über Bad Warmbrunn/Cieplice (Nr. 4) oder mit dem PKS-Bus (die PKS-Bushaltestelle beachten!) in Richtung Krummhübel/Karpacz. – 2. Mit dem Pkw von Hirschberg/Jelenia Góra über Bad Warmbrunn/Cieplice in Richtung Krummhübel/Karpacz oder von Schmiedeberg/Kowary in Richtung Petersdorf/Piechowice (Nr. 366).

Ausflüge von Giersdorf

Die Wanderwege haben zwei mögliche Ausgangspunkte:
a) an der Teichschänke/Restaurant-Hotel »Nad Stawami« (350 m) in Unter-Giersdorf;
b) bei der Bus-Endhaltestelle (ehemalige Endstation der elektrischen Bahn) in Ober-Giersdorf (Himmelreich).

1. **Unter-Giersdorf – Saalberg**/Zachełmie – **Agnetendorf**/Jagniątków, blaue Mark., hin 1 Std. 45 Min. (weiter gibt es auch die Möglichkeit, mit der blauen Mark. zum Kamm des Riesengebirges hinaufzusteigen), zurück 1 Std. 30 Min.

2. **Unter-Giersdorf – Burgruine Kynast**/Chojnik, gelbe Mark., hin 1 Std. 30 Min., 1 Std. 10 Min. zurück.

3. **Unter-Giersdorf – Burgruine Kynast**/Chojnik über Saalberg/Zachełmie, schwarze Mark., 1 Std. 30 Min. hin, zurück 1 Std. 15 Min.

4. **Ober-Giersdorf** – **Hain**/Przesieka – Goldene Aussicht (blaue Mark.) – **Hainfall** (gelbe oder grüne Mark.), 50 Min. Bemerkenswert sind Felsbildungen (Mannsteine, Käse, Brot) mit Opferkesseln (Entstehung s. S. 14).

5. **Ober-Giersdorf**/Podgórzyn – **St.-Anna-Kapelle** – Bacheltal/ Dolina Kaczej (Fahrstraße am Baberwasser/Kacza) – **Baberhäuser**/Borowice, weiter mit blauer Mark. zur Kapelle, 2 Std. 10 Min.

6. **Ober-Giersdorf**/Podgórzyn – **Hain**/Przesieka – **Spindlerpaß**/ Przełęcz Karkonoska, blaue Mark., 3 Std. (wird auch für Fahrradtouren benutzt); weiter links ab mit roter Mark. zur Schneekoppe.

7. Von der Bus-Endhaltestelle in Ober-Giersdorf in 15 Min. auf einer Straße mit einem Fußweg nach **Hain**/Przesieka.

Hain/Przesieka

Das Dorf (480 bis 650 m) ist in einem von vier Wildbächen durchschnittenen, abwechslungsreichen Gebirgsgelände gelegen und als klimatischer Luftkurort mit vielen Pensionen und Fremdenzimmern ausgewiesen. Die erste schriftliche Erwähnung stammt aus dem Jahr 1618 (erste Bebauung am Hainwasser). Im 17. Jh. wurden die erste Schmiede und die erste Mühle errichtet. Mit Ziegenzucht und Leinanbau verdienten sich die Dorfbewohner ihren Lebensunterhalt. Seit dem Ende des 19. Jh. erfolgte die Entwicklung des Fremdenverkehrs. Durch die zentrale Lage des Ortes sind alle wichtigen Punkte im Gebirge gut zu erreichen.

Zu den Naturattraktionen gehören der Wallonenstein und ein bewegliches Gestein »Chybotek«. In Ober-Hain/Przesieka (sieben Min. östlich der Goldenen Aussicht) befindet sich der **Hain-**

Seiten 118/119: Riesengebirgsansichten

fall/Wodospad Podgórnej (547 m). Er ist etwa 10 m hoch und durch tektonische Vorgänge entstanden. Unterhalb des Wasserfalls liegt ein Tal mit altem Mischwaldbestand. Der **Wallonenstein** (2,5 m hoch) liegt auf einer Höhe von 600 m etwas westlich vom Knotenpunkt der Wanderwege bei der Goldenen Aussicht, einem wichtigen Aussichtspunkt. Der Name leitet sich von eingemeißelten Wallonenzeichen (ein Kreuz, eine Hand) ab. Das bewegliche Gestein **Chybotek** läßt sich durch Druck an der richtigen Stelle ein Stück bewegen.

Die wichtigsten Ausflüge von Hain

Der Ausgangspunkt befindet sich bei der Goldenen Aussicht/ Złoty Widok (610 m) in der Nähe der letzten Bushaltestelle der MZK und des Feuerwehrgeländes.

1. **Hain – Rotes-Wasser-Tal**/Dolina Czerwienia – **Agnetendorf**/ Jagniątków, gelbe Mark., 1 Std. 15 Min. (Leiterweg nach Schreiberhau/Szklarska Poręba weitere 2 Std.); auch für Radtouren zu benutzen.

2. **Hain – Burgruine Kynast**/Chojnik, über Saalberg/Zachełmie, grüne Mark., bis zum Knotenpunkt der Wanderwege unterhalb des Berges Kynast 1 Std. 20 Min., weiter gelbe oder schwarze Mark. bis zum Innenhof der Burg Kynast ca. 10 Min.

3. **Hain – Baberhäuser**/Borowice. Zunächst gehen wir auf der rechten Seite des Bächeltales/Dolina Kaczej, weiter an einer waldfreien Stelle auf die linke Seite des Bächeltales auf einer Chaussee und auf dieser nach Baberhäuser, gelbe Mark., dann zur Annakapelle (blaue Mark.), 1 Std. 40 Min.

4. **Hain – Spindlerpaß**/Przełęcz Karkonoska, blaue Mark., 2 Std. 15 Min. (durch Wald, zunächst sanft, später stärker anstei-

HAIN **121**

gend, sehr schöner Aufstieg zum Kamm); auch für Radtouren
geeignet.

5. **Hain – Schneekoppe**
a) durchs Bächeltal nach Baberhäuser/Borowice, dann mit grüner Mark. zur Brotbaude in Brückenberg/Karpacz-Górny, bis
dahin 2 Std., und mit der blauen Mark. zur Kirche Wang; insgesamt 5 Std. und 50 Min.
b) zum Spindlerpaß/Przełęcz Karkonoska auf dem Kammweg,
blaue Mark., 2 Std. 10 Min., weiter mit roter Mark., vorbei am
Mittagstein/Słonecznik, noch ca. 2 Std. 30 Min. zum Gipfel.

Saalberg/Zachełmie

Das Dorf liegt auf verschiedenen Hügeln verstreut in einer
Höhe von 480 bis 550 m. Zu Saalberg gehört die Kolonie
Kynwasser (Podzamcze-Choiniec, am Fuß des Kynast/Chojnik)
mit mehreren Ferienhäusern und Pensionen. Der Ort wurde 1650
gegründet. Früher war er wegen seiner vielen Kirschbäume bekannt. Über Hain/Przesieka und Agnetendorf/Jagniątków sind
die bemerkenswertesten Punkte des Gebirges leicht erreichbar
(siehe Wanderungen von Hain und Agnetendorf).
Von 1947 bis 1953 lebte und arbeitete hier Ludomir Różycki
(1884–1953), Komponist zahlreicher Ballettmusiken und Opern.
Zufahrt: 1. Mit dem Linienbus (MZK) Nr. 13 von Hirschberg/
Jelenia Góra über Bad Warmbrunn/Cieplice. – 2. Mit dem Pkw
nach Hermsdorf/Jelenia Góra-Sobieszów und von dort Richtung
Krummhübel/Karpacz, dann rechts (Wegweiser beachten!).

Ausflug von Saalberg
Ein besonderes Erlebnis ist eine Wanderung von **Saalberg**/Zacheł-
mie zur **Burgruine Kynast** (55 Min., schwarze Markierung). Im
Blickfeld des Kynast liegt die kleinste Burg der Welt, die Hein-

Im Riesengebirge

richsburg. Sie steht auf einem kleinen Bergkegel. Nichts Wuchtiges und nichts Trutziges gibt es hier, alles mutet märchenhaft an. »Die Überlieferung berichtet, daß von der Burg Kynast ein unterirdischer Gang nach der Heinrichsburg gegraben sein sollte, doch sei man nur bis zu dem Ort Giersdorf gekommen, der wenige Kilometer von der Heinrichsburg entfernt liegt.« (19, S. 58)

Unterwegs lohnt sich ein Abstecher zu den **Eisen-Bergen**/Rudzianki. Die Schatzsucher des Mittelalters ließen hier am Fels eingemeißelt die Wallonenzeichen als eine Art Wegweiser zurück. Hier sehen wir u. a. ein Kreuz, eine Hand und einen Hammer.

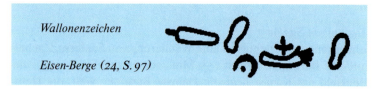

Wallonenzeichen

Eisen-Berge (24, S. 97)

Im Eulengrund, am Wallonenstein und am Adlerfelsen, können wir noch weitere Wallonenzeichen bewundern:

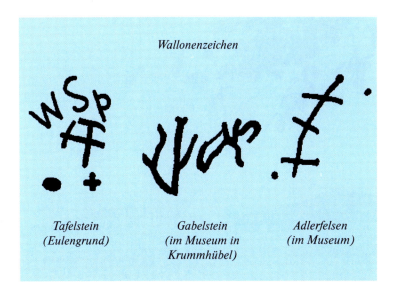

Wallonenzeichen

Tafelstein   *Gabelstein*   *Adlerfelsen*
(Eulengrund)   *(im Museum in*   *(im Museum)*
                Krummhübel)

Unweit von Saalberg/Zachełmie befindet sich das Schneegrubenwassertal/Dolina Wrzosówki. Das Schneegrubenwasser hat seine Quelle in der Schwarzen oder Agnetendorfer Schneegrube (1200 m). Im Tal des Flusses liegen Hermsdorf und Agnetendorf, die bereits zum westlichen Teil des Gebirges gehören.

Hier trifft man oft auf die für das Riesengebirge typischen *Umgebindehäuser*. Umgebinde ist eine Holzbauweise, bei der die Holzsäulen vor der Schrotholzwand stehen oder das obere Gebälk tragen. Einige der schönsten Häuser kann man in Agnetendorf, in Kiesewald (im unteren Teil des Dorfes), Petersdorf (in Nieder-Petersdorf nahe der Glashütte »Julia« und in Ober-Petersdorf) und in Schreiberhau bewundern. Das wohl schönste Umgebindehaus des Riesengebirges ist die Kleine Teichbaude/ Schronisko »Samotnia« im. Waldemara Siemaszki.

Seiten 124/125: Schneegruben

Westteil des Riesengebirges mit dem Vorland

Hermsdorf/Jelenia Góra-Sobieszów

Der Ort liegt teilweise im Hirschberger Tal bzw. im Gebirgs-vorland des Riesengebirges in 348 bis 440 m Höhe am Fuß der Burgruine Kynast (9 km südwestlich vom Stadtzentrum Hirschbergs, im Jahre 1976 eingemeindet zu Hirschberg).

In der Ortschaft ist die Pfarrkirche St. Martini sehenswert, ein Umbau einer früheren Kirche, durchgeführt 1778. Die reiche barocke Ausstattung von Altar und Kanzel ist ein Werk des Hirschberger Bildhauers Augustin Wagner. Neben der Kirche bewundert man den alleinstehenden gotischen Glockenturm mit zwei Glocken aus dem 17. Jh. Die evangelische (jetzt katholische) Kirche erbaute der Hirschberger Baumeister Georg Porrmann 1744/45 als rechteckigen Saalbau mit zwei Reihen von Fenstern.

Unweit befindet sich das ehemalige Schloß, das als Amtshaus der Schaffgotschschen Verwaltung diente (jetzt ist hier das Landwirtschaftliche Technikum untergebracht). Es wurde in den Jahren 1705/12 von dem Baumeister Elias Scholz errichtet und bildete den hochgelegenen Abschluß eines Gutshofes (an der Straße nach Petersdorf).

In der zweiten Hälfte des 19. Jh. entwickelte sich hier ein reger Ausflugsverkehr, besonders nach dem Bau der Eisenbahnlinien Hirschberg – Hermsdorf (1891) und Hermsdorf – Schreiberhau (1902). Im Ort wird für die Möbelindustrie produziert, und die Glasschleiferei und Glasätzerei, früher »Neumann und Staebe«, 1923 vereinigt mit der Heckertschen Glashütte in Petersdorf und der Josephinenhütte in Schreiberhau zur »Josephinenhütte AG« (Sitz in Petersdorf), stellt weiterhin ihre Produkte her.

Am Fuße des Kynast/Chojnik ist der Sitz der Direktion des Nationalparks des Riesengebirges/Karkonoski Park Narodowy (ul. Chałubińskiego 23, Tel. 075/53726), der 56 km² groß ist. Hier ist auch ein Museum mit einer Sammlung von Mineralien und Gesteinen des Riesengebirges untergebracht. Bildtafeln informieren über den geologischen Aufbau, die Entwicklung der Bodengestaltung und das Klima.

Zufahrt: 1. MZK-Busverbindungen Nr. 7, 9, 15 und Schnellbusse A bzw. B. – 2. Zugverbindung von Hirschberg/Jelenia Góra in Richtung Schreiberhau/Szklarska Poręba. – 3. Mit dem Pkw von Hirschberg in Richtung Schreiberhau über Bad Warmbrunn/Cieplice oder von Petersdorf/Piechowice in Richtung Schmiedeberg/Kowary (Straße Nr. 366).

Wanderwege von Hermsdorf

Ausgangspunkte sind die erste Bushaltestelle in Sobieszów bzw. an der Brücke über das Flüßchen Schneegrubenwasser/Wrzosówka (in der Nähe des Parkplatzes).

1. **Hermsdorf – Kynast,** rote Mark., 1 Std. 10 Min. hin, 45 Min. zurück, oder schwarze Mark., 1 Std. (vorbei am Räuberfelsen und dem sog. Räuberloch, das ist ein »Tunnel«, ca. 20 m lang, 2 m hoch und nur 90 cm breit, schornsteinähnlicher Ausgang, 4 m hoch).

2. **Hermsdorf** – rote Mark. (30 Min.), dann grüne Mark. durch das Höllental/Piekielna Dolina (20 Min.), weiter mit schwarzer und gelber Mark. (10 Min.) zur **Burg Kynast;** zusammen 1 Std.

In der Nähe von Hermsdorf kann man beim Kynast in einem **Naturschutzgebiet** einen Naturlehrpfad bewandern (2 Std. 50 Min., Markierung: weiße Quadrate mit grünem Diagonalstreifen). *Bitte die Wege nicht verlassen, weil es hier viele seltene Bäume, Blumen und Felsen gibt!*

Vom Berg Kynast führen mehrere interessante Wanderwege nach Saalberg/Zachełmie, Hain/Przesieka, Brückenberg/Karpacz-Górny und Krummhübel/Karpacz.

Auf den Gebirgskamm gelangt man am besten von Agnetendorf/Jagniątków oder Kiesewald/Michałowice aus.

»Schneekoppe-Humpen« mit dem Spruch »Schlesiens höchste Zier, Rübezahls Revier« (um 1900)

Burgruine Kynast/Chojnik

Sie liegt auf einem Granitberg in 627 m Höhe, 200 m oberhalb von Hermsdorf. Den oberen Teil des Berges bildet ein Naturschutzgebiet (24 ha). Die Burgruine Kynast war anfangs als Grenzbefestigung der Schweidnitzer Herzöge, der Bolkonen, angelegt worden (angeblich im Jahre 1292 durch Bolko I.). Erstmals erwähnt wurde sie im Jahre 1364. Ende des 14. Jh. wurde die Burg zu einem der Stammsitze des Geschlechtes der Gotsche Schoff, der späteren Reichsgrafen von Schaffgotsch. Die wichtigsten Reste der mittelalterlichen Burg sind der Bergfried (Hauptturm) und der Palas (Hauptgebäude) mit dem Kapellenerker. In der Mitte des Burghofes befindet sich ein Pranger (für vier Personen). Weiterhin sehenswert sind Brunnen, Burgverlies und Küche.

Der Hauptteil der Burg entstand erst im 15. und 16. Jh. Aus dem 16. Jh. stammen vor allem die Zinnen in Halbkreisbogenform

Burgruine Kynast

und die Kasemattenanlage. Nach dem Brand der Burg Kynast am 31. August 1675 (der Blitz war eingeschlagen) verlegte die Familie Schaffgotsch ihren Wohnsitz nach Bad Warmbrunn.

> Mit der Burgruine Kynast ist die Sage von der sehr schönen, aber spröden Kunigunde verbunden. Kunigunde, Besitzerin der Burg, stellte allen Freiern die Aufgabe, auf der Burgmauer über dem Höllental die Burg zu umreiten. Alle stürzten ab, nur einem gelang es, er aber verschmähte das Fräulein. Danach stürzte sich Kunigunde aus großer Traurigkeit darüber selbst in den Abgrund. Ihr Geist ist noch heute um Mitternacht auf der Burg zu hören und zu sehen – aber nur für Männer!

Die Burgruine Kynast ist Ziel zahlreicher Ausflüge. Vom 30 m hohen Bergfried kann man einen großartigen Rundblick auf den östlichen Kamm mit der Schneekoppe und das östliche Hirschberger Tal genießen. Die Ruine ist gegen ein geringes Entgelt zu besichtigen (früher und heute Burgfestspiele). Fortgeführt werden Konservierungsarbeiten an der Burg. In der großen nördlichen Bastion ist ein altes Gasthaus, jetzt kleine Berghütte der PTTK, mit 25 Betten und Buffet (auch warme Speisen) untergebracht. Besuchszeit von 10 bis 16 Uhr (im Sommer bis 17 Uhr), Bergrettungsdienststelle (GOPR), Tel. 075/53535.

Unterhalb der Burgruine Kynast grüßt Agnetendorf.

Agnetendorf/Piechowice-Jagniątków

Der Ort ist in Petersdorf eingemeindet und liegt malerisch im Schneegrubenwassertal/Dolina Wrzosówki (450 bis 620 m) mit seinen Nebenflüssen Bratsch/Brocz und Hüttenwasser/Sopot – von bewaldeten Bergen eingeschlossen. Ein prächtiger Blick geht in Richtung auf die Große Sturmhaube/Śmielec, das Hohe Rad/Wielki Szyszak und die Schneegruben/Śnieżne Kotły.

Die Ortschaft wurde im Jahre 1654 von böhmischen Protestanten gegründet und trägt ihren Namen nach »Barbara *Agnes*«, der Gemahlin des bedeutenden evangelischen Freiherrn Hans Ulrich von Schaffgotsch. Im oberen Teil des Ortes liegt das Wohnhaus des großen schlesischen Dichters Gerhart Hauptmann, **Haus »Wiesenstein«** genannt. Gerhart Hauptmann wurde am 15. November 1862 in Bad Salzbrunn/Szczawno Zdrój geboren, als es noch zu Preußen gehörte, und er starb am 6. Juni 1946 in Agnetendorf. Beigesetzt ist er auf der Insel Hiddensee. Sein Haus »Wiesenstein« wurde 1900/01 von Hans Griesebach im Jugendstil erbaut, die Empfangshalle zieren Wandgemälde des Malers Joh. M. Avenarius über verschiedene Werke Hauptmanns, vom »Wanderer Quint« bis zum »Hannele«.

Mit einem höchst förderlichen Skandal hatte die Karriere von Gerhart Hauptmann begonnen, an einem Sonntag im Oktober

AGNETENDORF 131

1889, zwölf Uhr mittags. Um die Zensur zu umgehen, trafen sich Mitglieder des Vereins »Freie Bühne« zu einer geschlossenen Vorstellung des skandalträchtigen Theaterstücks »Vor Sonnenaufgang« im Berliner Lessing-Theater.

Gerhart Hauptmanns literarisches Werk ist vielgestaltig. Durchschlagenden Erfolg hatte er mit der dramaturgischen Bearbeitung des Weberaufstandes von Peterswalde (1844), dem Schauspiel »Die Weber«, einer grandiosen literarischen Darstellung der sozialen Not des ausgehenden 19. Jh., die als soziale Anklage nicht wirkungslos blieb.

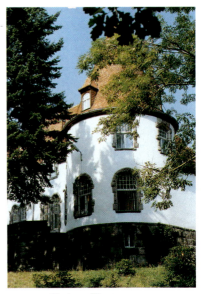

Gerhart Hauptmanns Haus »Wiesenstein« in Agnetendorf

Mit diesem Drama (1892 verboten, im Preußischen Abgeordnetenhaus wurde darüber debattiert, und erst zwei Jahre später konnte es öffentlich aufgeführt werden) erlangte G. Hauptmann Weltruf.

Im Jahre 1912 wurde ihm der Nobelpreis für Literatur verliehen. Zu seinen bekanntesten Werken gehören »Die Weber«, »Hanneles Himmelfahrt«, »Der große Traum«, »Vor Sonnenaufgang«, »Florian Geyer«, »Biberpelz« und das autobiographische »Buch der Leidenschaft«.

Im Haus »Wiesenstein« (Besichtigung unter Umständen möglich; Anschrift: 58-571 Piechowice-Jagniątków, ul. Michałowicka 32, Tel. 075/53286) ist jetzt das Kindererholungsheim »Warszawianka« untergebracht. Eine Gedenktafel an der Seite des Hauses erinnert an G. Hauptmann. Die Inschrift lautet: *»Tu żył i tworzył w cieniu Karkonoszy postępowy pisarz niemiecki, laureat*

TOURISTISCHER TEIL

Nagrody Nobla Gerhart Hauptmann (1862-1946).«
(»Hier lebte und schuf im Schatten des Riesengebirges der fortschrittliche deutsche Nobelpreisträger Gerhart Hauptmann [1862-1946].«)

Gerhart Hauptmann beim Haus »Wiesenstein«, 1941

Agnetendorf war die Wahlheimat Gerhart Hauptmanns, doch der Prophet gilt bekanntlich nicht viel im eigenen Lande: Ein Verehrer des Dichters war nach Agnetendorf gekommen, um Hauptmann seine Aufwartung zu machen. Da er im Ort nicht Bescheid wußte und die Wohnung des Dichters nicht finden konnte, fragte er einen Dorfbewohner: »Sagen Sie mal, wo wohnt denn Hauptmann!«, in der Meinung, daß sich bei der Berühmtheit des Dichters eine nähere Angabe erübrige. Darin hatte er sich aber getäuscht, denn der biedere Agnetendorfer antwortete: »Zu wem wollen Se denn? Wissen Se, mir hoan hier zwee, der eene ist a wirklicher Hauptmann, der andere ober heeßt bluß a su!« (19, S. 59)

AGNETENDORF 133

In der Mitte des Ortes befindet sich eine kleine, hübsche Kirche, die im Jahre 1986 im Gebirgsstil erbaut worden ist.

Kirche in Agnetendorf

Zufahrt: 1. MZK-Busverbindung Nr. 15 von Hirschberg aus über Bad Warmbrunn und Hermsdorf. – 2. Mit dem Pkw von Hermsdorf aus in Richtung Kiesewald oder von der letzten MZK- oder PKS-Bushaltestelle in Petersdorf in Richtung Michałowice/Jagniątków.

Achtung: Unterwegs ist ein nur 3,5 m hoher Tunnel zu durchfahren.

Ausflüge von Agnetendorf

Ein Ausgangspunkt liegt an der zweiten Bushaltestelle (520 m) im Zentrum des Ortes, ein anderer bei der ersten Bushaltestelle MZK.

1. **Agnetendorf** – **Bismarckhöhe**/Grzybowiec (751 m)
a) von der ersten Bushaltestelle aus grüne Mark., 45 Min. hin, 25 Min. zurück;
b) von der zweiten Bushaltestelle gelbe Mark., 35 Min. hin, 20 Min. zurück (vorbei am Rübezahlsthron!). *Von diesem Ort wird behauptet, daß man drei Wünsche äußern kann, die in Erfüllung gehen können, wenn sie geheimgehalten werden!*

2. **Agnetendorf** – **Agnetendorfer** oder **Schwarze Schneegrube**/ Czarny Kocioł Jagniątkowski, blaue Mark., 2 Std. 15 Min. – auf dem steilen Korallensteineweg/Koralowa Ścieżka über die Korallensteine/Paciorki (1079 m). Die blaue Markierung führt zur Wanderwegekreuzung/Rozdroże pod Śmielcem (1127 m); von dort nach links steil bergab noch 7 Min. (grüne Mark.) zur Schwarzen Grube.

Die **Agnetendorfer Schneegrube**, das kleinste Gletscherkar auf der schlesischen Seite des Riesengebirges, wird von den

Im Vordergrund die »Alte Schlesische Baude« mit Blick auf Schreiberhau und das Isergebirge

Korallensteine

Steilhängen der Berge Große Sturmhaube/Śmielec und Mann- und Mädelsteine eingeschlossen. Die Basis des Kars liegt auf einer Höhe von 1100 m. Die Steilwände ragen bis auf 1325 m empor und sind zum Teil mit Geröll bedeckt. Auf einer der Moränen ist der sog. »Wanderstein« zu erkennen, ein Granitblock mit dem eingemeißelten Buchstaben »W«. Er ist 3 m hoch und etwa 15 t schwer.

Weiter von der **Agnetendorfer Schneegrube** zum **Spindlerpaß**, links, grüne Mark., 2 Std. 15 Min.; rechts, auch grüne Mark., zur **Schneegrube**, 50 Min.; dann mit grüner Mark. zur **Alten Schlesischen Baude,** 2 Std. 10 Min.; ein sehr schöner, aber anstrengender Weg.

Zurück von der Schwarzen Schneegrube (als Alternative): zuerst mit schwarzer Mark. das Schneegrubenwassertal/Dolina Wrzosówki entlang bis zur Querstraße, dann links ab bis zum Korallensteineweg, von dort nach Agnetendorf, blaue Mark.

3. **Agnetendorf** – **Schwarzer Paß**/Czarna Przełęcz (1350 m, bei der Großen Sturmhaube), auf dem Kamm blaue Mark., 2 Std. 50 Min.; von dort aus: links, rote Mark., zum Spindlerpaß (Kammweg), zusätzlich 1 Std. 20 Min.; oder nach rechts zur Schneegrubenbaude (heute eine Fernseh- und Wetterstation, 1490 m hoch gelegen), auch rote Mark., 45 Min. länger.

4. Andere Wanderwege von **Agnetendorf** nach:
a) **Saalberg** – blaue Mark., 45 Min.;
b) **Kynast,** bis zur Bushaltestelle blaue Mark., dann am Heerdberg und Höllental/Piekielna Dolina mit grüner Mark., von dort aus weiter (schwarze und gelbe Mark., 1 Std. 10 Min.);
c) **Schreiberhau,** über die Bismarckhöhe/Grzybowiec, vorbei an Kiesewald, Kochelfall – grüne Mark., 2 Std. 40 Min.; sehr lohnend ist der Rundweg: Schreiberhau – Josephinenhütte/Huta Julia – Zackelfall/Wodospad Kamieńczyka – Neue Schlesische Baude/Schronisko na Hali Szrenickiej – Reifträger/ Szrenica – Schneegrubenbaude/Schronisko nad Śnieżnymi Kotlami – Hohes Rad/Wielki Szyszak – Korallensteineweg/ Koralowa Ścieżka – Agnetendorf;
d) zur **Alten Schlesischen Baude**/Schronisko pod Łabskim Szczytem über Drei Ahorne/Trzy Jawory (Knotenpunkt einiger Wanderwege) – schwarze Mark., 3 Std.

Der Westteil des Gebirgsvorlandes des Riesengebirges wird von der östlichen Seite des Schneegrubenwassertales/Dolina Wrzosówki, im Westen vom Zackental/Dolina Kamiennej begrenzt. In der Mitte liegen **Kiesewald** und **Petersdorf**. Die höchste Erhebung in diesem Teil ist die Bismarckhöhe/Grzybowiec (751 m). Sehenswert ist auch ein Straßentunnel (sog. Rübezahlloch) in den Granitfelsen zwischen Kiesewald und Petersdorf. *Der Tunnel ist nur 3,5 m hoch – wichtig für Busse!*

Hauptkamm des Riesengebirges, im Vordergrund die Burgruine Kynast

Petersdorf/Piechowice

Die Ortschaft liegt an der Grenze zwischen Riesengebirge, Isergebirge und Hirschberger Tal (360 bis 480 m). Sie zieht sich an beiden Ufern des Zacken hin. Verwaltungsmäßig gehören zu Petersdorf: Hartenberg/Górzyniec, Kiesewald/Michałowice, Agnetendorf/Jagniątków, Wernersdorf/Pakoszów und Kaiserwaldau/Piastów.

Der Ort wurde im Jahre 1967 zur Stadt erhoben, die erste Erwähnung stammt aus dem Jahre 1305 (angeblich soll im Zackental die erste Glashütte gebaut worden sein). Die erste mechanisierte Glasschleiferei existiert seit 1690 unter Ausnutzung der Wasserkraft des Zacken. Ende des 18. Jh. wurde eine Papierfabrik erbaut, 1866 die Glashütte »Fritz-Heckert-Werke« für die Produktion von Luxusgegenständen aus Bleikristall, seit 1923 vereinigt mit der Schaffgotschschen Josephinenhütte (Sitz in Petersdorf). (Anmeldung für Einzeltouristen und Reisegruppen in der Huta »Julia«, ul. Żymierskiego 73, Tel. 075/53001; dort befindet sich ein Geschäft mit Kristallerzeugnissen; es werden Führungen in deutscher und englischer Sprache angeboten.).

Zu Beginn des 20. Jh. faßte die Kunstseidenindustrie (heute eine Fabrik für Elektromaschinen »Karelma«) Fuß. Die katholische Kirche im neoromanischen Stil wurde im Jahr 1911 errichtet. In der Nähe der Bushaltestelle MZK und PKS »Piechowice Dolne« wächst der älteste Baum des Riesengebirges, eine 700 Jahre alte Eibe (Taxus bacc.) mit einem Umfang von 3,5 m.

Zufahrt: 1. MZK-Busverbindung (Nr. 9 und 15) oder mit den Schnellbussen A und B von Hirschberg/Jelenia Góra. – 2. Mit dem Zug von Hirschberg/Jelenia Góra in Richtung Schreiberhau/Szklarska Poręba. – 3. Mit dem Pkw von Hirschberg/Jelenia Góra in Richtung Schreiberhau/Szklarska Poręba oder vom östlichen Teil des Riesengebirges auf der Straße Nr. 366 nach Petersdorf/Piechowice.

Ausflüge von Petersdorf

Der Ausgangspunkt ist bei der Bushaltestelle »Piechowice Średnie« im Zentrum des Ortes, 200 m vom Bahnhof der PKP entfernt.

1. **Petersdorf – Bismarckhöhe – Agnetendorf** – gelbe Mark., 1 Std. 40 Min. hin, zurück 1 Std. 30 Min. Der Weg führt durch das **Quirl-Tal**/Cicha Dolina, das vom Mühlberg (686 m) und vom Sabrich/Sobiesz (633 m) eingeschlossen ist. Man nimmt an, daß hier Ende des 13. Jh. die erste Glashütte im Riesengebirge errichtet worden ist.

Glasblasen in Petersdorf

*Ausflugs-
ziele von
Petersdorf*

Schneegrube

Kochelfall

Ausflugsziele von Petersdorf

Reifträger (rechts)

Sausteine (unten)

TOURISTISCHER TEIL

2. **Petersdorf – Kiesewald – Bismarckhöhe,** bis zur Wanderwegekreuzung in Kiesewald 1 Std. allmählich bergauf mit blauer Mark., von dort aus noch 35 Min. mit grüner Mark. zum Gipfel. Dort befindet sich ein Restaurant (Tel. 075/53781).

3. **Petersdorf** – **Hartenberg**/Górzyniec – **Nieder-Schreiberhau**/Dolna Szklarska Poręba – **Moltkefelsen**/Zbójeckie Skały (686 m) – **Formsteine**/Zakręt Śmierci (775 m) – gelbe Mark. 1 Std. 30 Min. hin, zurück 1 Std. – Der Wanderweg führt durch einen Stadtteil von Petersdorf. **Hartenberg**/Górzyniec liegt im

Umgebindehaus im Riesengebirge

Tal des Flusses Kleiner Zacken/Plesna im Isergebirge. Die Ortschaft wurde um 1705 von Holzfällern und Webern gegründet. Oberhalb von Górzyniec befindet sich ein Pyritabbau.

4. **Petersdorf – Ober-Schreiberhau**/Górna Szklarska Poręba; durchs Zackental/Dolina Kamiennej am **Kochelfall,** blaue Mark., 1 Std. 10 Min.; von dort aus mehrere Möglichkeiten: rechts, grüne Mark., nach Ober-Schreiberhau in 50 Min. (bzw. schwarze Mark. nach Nieder-Schreiberhau/Dolna Szklarska Poręba in 1 Std.); von der Kochelfallbaude/»Kochanówka«, blaue Mark., zur **Alten Schlesischen Baude**/Schronisko Pod Łabskim Szczytem in 2 Std. 10 Min. oder von der Kochelfallbaude, schwarze Mark., bis zum DW PTTK in Ober-Schreiberhau/Górna Szklarska Poręba.

5. **Petersdorf – Bibersteine**/Bobrowe Skały über Hartenberg/Górzyniec, grüne Mark., 1 Std. 15 Min.

Kochelfall

Kiesewald/Piechowice-Michałowice

Der Ort ist empfehlenswert als Sommerfrische und Wintersportplatz und inmitten großer Fichtenwälder gegenüber den Schneegruben zwischen Agnetendorf und Schreiberhau gelegen (550 bis 660 m). Von hier hat man eine schöne Aussicht auf den Riesengebirgskamm und das Hirschberger Tal.

Die Ortschaft wurde im 17. Jh. von böhmischen Protestanten gegründet. Heute sind vor allem der Ackerbau und der Fremdenverkehr von großer wirtschaftlicher Bedeutung. Die neue katholische Kirche wurde im Jahre 1986 fertiggestellt. 20 Minuten vom Zentrum entfernt liegt die *Goldene Aussicht* mit schönem Panoramablick ins Riesen- und Isergebirge.

Zufahrt: 1. MZK-Busverbindung Nr. 15 von Hirschberg und Petersdorf. – 2. Mit dem Pkw von Petersdorf an der letzten Bushaltestelle rechts hinauf; oder von Hermsdorf beim Kynast in Richtung Kiesewald.

Die wichtigsten Wanderwege

Der Ausgangspunkt liegt 3 Min. auf der rechten Seite von der zweiten Bushaltestelle MZK entfernt (650 m hoch).

1. **Kiesewald – Bismarckhöhe;** grüne Mark., 35 Min., links hinauf.

2. **Kiesewald – Kochelfall;** zuerst nach rechts mit grüner Mark., 45 Min.; dann noch 5 Min. mit blauer Mark.

3. **Kiesewald – Drei Ahorne**/Trzy Jawory; ein Wanderweg mit Namen Leiterweg/Droga pod Reglami – **Schreiberhau;** zunächst nach blauer Mark., weiter ohne Mark., 1 Std. 50 Min. (schöne Radtour).

Schneegrube

In den Schneegruben

4. **Kiesewald – Schneegruben – Schneegrubenbaude:** zuerst blaue Mark. (Josef-Partsch-Weg) über Drei Ahorne/Trzy Jawory (665 m); von hier aus weiter (auch schwarze Mark., 40 Min.) zur Wanderwegekreuzung Hohe Brücke/Wysoki Most. *Die schwarze Mark. führt rechts bergaufwärts zur Alten Schlesischen Baude (1 Std. 30 Min.).* Die blaue Mark. führt zuerst links (ca. 100 m) und dann rechts steil bergauf entlang des Baches Dürre Kochel/Niedźwiada bis zur Wanderwegekreuzung Rozdroże pod Wielkim Szyszakiem; mit grüner Mark. dann weiter ca. 30 Min. rechts ab bis zur Großen Schneegrube; *blaue Mark. bergaufwärts zum Kammweg und dann rechts ab zur* **Schneegrubenbaude** *(noch ca. 55 Min.); jetzt befindet sich dort ein Fernsehumsetzer (kein Buffet, keine Übernachtungsmöglichkeit).*

Die **Schneegruben,** die kleine westliche und die große östliche, sind zwei Gletscherkare, die von den Steilhängen der

Blick vom Isergebirge ins Vorland des Riesengebirges

Berge Hohes Rad/Wielki Szyszak (1509 m) und Veilchenspitze/Łabski Szczyt (1471 m) eingeschlossen sind. Das Naturschutzgebiet weist einen großen Artenreichtum an Pflanzen auf, u.a.: Alpenkuhschelle (Pulsatilla alpina), Alpenmilchlattich (Cicerbita alpina), Grauer Alpendost (Adenostyles alliariae), Blauer Eisenhut (Aconitum callibotryon), Schwalbenwurz-Enzian (Gentiana asclepiadea). Auf der Basaltsäule an der Westseite der kleinen Schneegrube wachsen weitere seltene Pflanzen wie: Moschus-Steinbrech (Saxifraga moschata basaltica), Rasen-Steinbrech (S. rosacea), Schnee-Steinbrech (S. nivalis) – die einzige Stelle in Mitteleuropa als Glazialrelikt (sonst nur in Nordeuropa); Tatra-Augentrost (Euphrasia tatrae), Alpenrose (Rosa pendulina) u.a. **(Achtung: Der grüne Wanderweg ist im Winter wegen Lawinengefahr nicht zugänglich!).**

Weitere Wanderwege ins Gebirge verlaufen über Agnetendorf und Schreiberhau.

Schreiberhau/Szklarska Poręba

Schreiberhau ist nach Krummhübel die meistbesuchte Ortschaft im Riesengebirge. Früher war es in die Ortsteile Ober-, Mittel- und Nieder-Schreiberhau geteilt. Der Ort liegt an der Grenze zwischen Riesen- und Isergebirge im Flußtal des Zakken in einer Höhe von 440 bis 886 m. Im Jahr 1959 bekam Schreiberhau die Stadtrechte. Es besteht aus 16 kleinen Siedlungen. Der Ort ist 20 km lang und 9 km breit, angelehnt an den Südhang des Hochsteins/Wysoki Kamień im Isergebirge und an den Nordhang des westlichen Riesengebirgskammes, den Reifträger/Szrenica. In der ehemals größten Dorfsiedlung in Preußen leben heute 8200 ständige Einwohner. Schreiberhau beherbergt in jedem Jahr etwa 120 000 Sommer- und Wintergäste.

Seit 1962 steht ein **Sessellift** (zwei Abschnitte, geöffnet von 9 bis 17 Uhr, Auskunft: Tel. 0 75/17 22 37) auf den Reifträger/Szrenica zur Verfügung. Die Talstation liegt oberhalb des Ortsteiles Mariental (708 m), die mittlere Station in 886 m Höhe und die Bergstation 1344 m hoch, die Fahrtzeit beträgt etwa 20 Min. (meistens ist es oben sehr windig und kalt!)

In der Ortschaft befinden sich mehrere Sporteinrichtungen, u. a.: **Skilifte, Skipisten** (»Lollobrygida«, 4,44 km lang, Start auf dem Gipfel des Reifträger; »Śnieżynka«, 2,08 km lang, Start bei der Neuen Schlesischen Baude; »Puchatek«, 1,46 km, Start bei der Mittelstation des Sessellifts – diese Abfahrt stellt keine hohen Ansprüche; die sog. »Wand«/Ściana, 2,08 km lang, Höhenunterschied 540 m, Start beim Reifträger/Szrenica, nicht für Anfänger geeignet). Zwei weitere Anker- und Tellerlifte sind bei der Alten Schlesischen Baude, die Skipisten stellen keine hohen Ansprüche. Dann gibt es noch Langlaufloipen (u. a. in Jakobstal, in Richtung der böhmischen Grenze auf der rechten Seite) und eine Sprungschanze, die fast im Zentrum von der Hauptstraße zu sehen ist.

Skilaufen bei der Neuen Schlesischen Baude

Zufahrt: 1. PKS-Busverbindung von Hirschberg. – 2. Zugverbindung vom Hirschberger Hauptbahnhof. – 3. Mit dem Pkw von Hirschberg aus (Straße Nr. 3) oder von Schmiedeberg über Giersdorf in Richtung Petersdorf (Nr. 366), dann links ab nach Schreiberhau.

Geschichte

Die ältesten urkundlichen Daten (1366) beziehen sich auf die Glashütte. Das Land war reich an Quarz und Holz, zwei wichtigen Komponenten für die Glasherstellung. Aus dem Holz wurde Pottasche gekocht. Die erste Hütte lag in Nieder-Schreiberhau. Von dort drangen die Glasmacher nach und nach höher ins Gebirge vor. Sie rodeten den Wald rings um den Glasofen, verlegten dann die Hütte höher in den Wald hinauf und überließen das gerodete Land den Bauern zur Besiedlung. Die anderen Glashütten

entstanden in den Jahren 1575 (Herstellung von weißem Glas), 1617 (unter der Familie Preußler blühte die Glasmalerei auf) und 1842, als Leopold Graf Schaffgotsch die Josephinenhütte gründete, die seit 1956 als »Huta Julia« weiterarbeitete (heute nicht mehr in Betrieb). Die Josephinenhütte entwickelte sich zur bedeutendsten Kunstglashütte Schlesiens.

Die Entwicklung des Fremdenverkehrs begann nach der Herstellung des Eisenbahnanschlusses für das langgestreckte Dorf mit sechs Bahnhöfen: in Nieder-, Mittel-, Ober-Schreiberhau, Josephinenhütte, Jakobstal und jenseits des Passes Strickenhäuser im Jahre 1902 (damals deutsch-österreichische Grenze).

Schreiberhau ist als Klimakurort und Fremdenverkehrsort beliebt und berühmt. Die schneesichere Lage begünstigte den Aufstieg zum wohl bedeutendsten Wintersportplatz der Sudeten.

Zu empfehlen ist die Fahrt mit dem Zug von Hirschberg bis Ober-Schreiberhau (die Strecke nach Jakobstal/Jakuszyce ist nur zum »Piastenlanglauf« am dritten Samstag im Januar in Betrieb). Das ist die schönste Bergstrecke von Schlesien mit Ausblicken auf den Kemnitzkamm, den Hohen Iserkamm (die beiden Kämme im Isergebirge), ins Riesengebirge und auch in das Warmbrunner Tal/ Kotlina Cieplicka (Höhenunterschied 318 m). Die Strecke wurde Anfang der 20er Jahre elektrifiziert und stellte eine direkte Verbindung von und nach Berlin, Dresden, Görlitz und Breslau her.

In Schreiberhau lebten die berühmten Brüder Gerhart und Carl Hauptmann. Der Nobelpreisträger Gerhart Hauptmann wohnte von 1891 bis 1898 in Mittel-Schreiberhau, bevor er nach Agnetendorf zog. Carl Hauptmann war ebenfalls Dichter, bekannt nicht nur als Autor des »Rübezahlbuches«. Er wohnte hier bis zu seinem Tod (1921) und ist auch in Nieder-Schreiberhau beigesetzt. An ihn, der lange im Schatten seines jüngeren Bruders stand, erinnert der im Garten des Hauses aufgestellte Grabstein. Er befand sich ursprünglich auf dem Friedhof in Nieder-Schreiberhau und wurde in den 80er Jahren zerstört. Die auf der Nachbildung zu lesenden Verse stammen vom Dichter selbst: *»Wohl unter dem Röslein, wohl*

Schreiberhau

unter dem Klee, darunter verderb ich nimmermeh'! Denn jede Träne, die dem Auge entquillt, macht, daß mein Sarg mit Blut sich füllt. Doch jedesmal, wenn Du fröhlich bist, mein Sarg voll duftender Rosen ist.«

Sein Wohnhaus wurde zu einem »**Haus der Heimat**« umgestaltet. Hier gibt es ein Museum mit Exponaten (Briefen, Handschriften) der beiden Brüder sowie Räume für eine Ausstellung des polnischen Malers Vlastimil Hofman (1881–1970). Die STIFTUNG FÜR DEUTSCH-POLNISCHE ZUSAMMENARBEIT hat das Haus vollständig restauriert (Anschrift: 58-500 Szklarska Poręba, ul. 11 Listopada 26, Tel. 075/172611; *Zufahrt:* von der internationalen Straße Nr. 3 am Beginn des Ortes Schreiberhau rechts hoch nach Mittel-Schreiberhau, dann links und anschließend erneut rechts. Von Ober-Schreiberhau aus ist die Anfahrt schwer zu finden.).

Sehenswert ist auch die **St.-Lukas-Mühle** in Ober-Schreiberhau, in der eine ständige Ausstellung bildender Künstler, der sog. Malergilde, untergebracht war. Heute ist dort ein Restaurant und das Hotel Złota Jama. Hier trafen sich Künstler, u.a. der Dichter Hermann Stehr, der Maler Hanns Fechner, der Naturphilosoph

St.-Lukas-Mühle in Schreiberhau

»Haus der Heimat« mit dem Museum der Brüder Gerhart und Carl Hauptmann in Schreiberhau

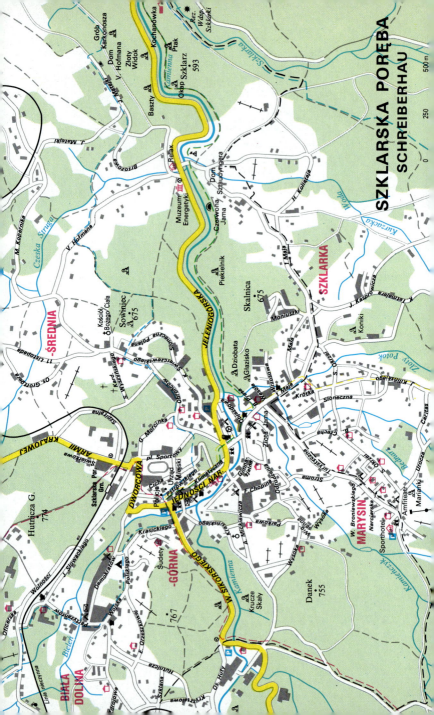

SCHREIBERHAU 155

Gemälde von Vlastimil Hofman in der Kirche in Schreiberhau

Wilhelm Bölsche und natürlich Gerhart und Carl Hauptmann, um ihre Gedanken bei einem guten Glas Wein auszutauschen.

In Schreiberhau lebte und arbeitete der Maler **Vlastimil Hofman** (1881–1970), ein Vertreter der polnischen Neoromantik. Bekannt wurde er durch den Zyklus der Bauernmadonna (einige seiner Gemälde sind in der Kirche in Mittel-Schreiberhau zu sehen). Hier wirkte auch der Dichter **Jan Sztaudynger** (1904–1970), ein bekannter polnischer Epigrammdichter des 20. Jh. und Kenner des Puppentheaters. Sein Haus steht an der ul. 1-go Maja 55.

Wanderwege von Ober-Schreiberhau

Mittelpunkt des Fremdenverkehrs und Ausgangspunkt zahlreicher Wanderwege ist in Ober-Schreiberhau wie früher der Knotenpunkt am Königsplatz beim Fremdenverkehrsamt *(it)* (650 m). Hier verläuft die Sudetenstraße nach Bad Flinsberg/Świeradów-Zdrój, auf der ein sehr lohnenswerter Aussichtspunkt auf das Vorland des Riesengebirges liegt.

1. **Ober-Schreiberhau – Josephinenhütte** – rote Mark., 15 Min.

2. **Ober-Schreiberhau – Zackelfall** und **Zackelklamm,** rote Mark., 50 Min., über Josephinenhütte. Der Wasserfall (in 843 m Höhe) ist 27 m hoch und stürzt in drei Abschnitten brausend herab. Der Zackelfall wird vom Zackerle/Kamieńczyk, einem Nebenbach des Zacken/Kamienna, gebildet. Unterhalb ist eine 100 m lange, enge Felsengasse, die Zackelklamm (gegen Eintritt zugänglich). Ein anderer Weg zum Zackelfall führt über Mariental/Marysin an der Talstation des Sesselliftes, schwarze Mark., 1 Std.

Blick auf den Zackelfall

3. **Ober-Schreiberhau – Kochelfall**

a) entlang dem Fluß Zacken, grüne Mark., 50 Min., bis zu den zwei Brücken am Zusammenfluß, dort, wo der Bach Kochel in den Zacken mündet; von dort aus noch 6 Min. mit blauer oder schwarzer Mark. bis zum **Kochelfall** (in 523 m Höhe), 13,5 m hoch. Neben dem Wasserfall liegt die Kochelfallbaude/ Kochanówka, errichtet im Jahre 1868 (mit Buffet);

b) über Kochelhäuser/Osiedle Szklarki, schwarze Mark., 50 Min.

4. **Ober-Schreiberhau – Reifträger**

a) über Mariental/Marysin – Sessellift zum Reifträger (1362 m), 20 Min. Fahrtzeit; in zwei Abschnitten, geöffnet von 9 bis 17 Uhr; Auskunft (Wetter und Schneeverhältnisse) unter Tel. 075/172118 (rund um die Uhr), Talstation: Tel. 075/172237;

b) mit roter Mark. in 2 Std. 25 Min. über den Zackelfall und die Neue Schlesische Baude/Schronisko na Hali Szrenickiej;

c) mit gelber Mark. bis zur Alten Schlesischen Baude/Schr. pod Łabskim Szczytem, 2 Std. 10 Min. (weiter, ebenfalls gelbe Mark., zu den Schneegruben, 3 Std. 10 Min.), von der Baude aus, grüne Mark., noch 30 Min. bis zum Reifträger. Der **Reifträger** (1362 m) ist im Osten vom Reifträgerloch/Kocioł Szrenicki begrenzt; er ist mit Geröll bedeckt.

5. **Ober-Schreiberhau – Schneekoppe,** rote Mark., 8 Std., über Zackelfall, Reifträger, Spindlerpaß; einer der schönsten Wanderwege ins Riesengebirge, der sogenannte Kammweg.

6. **Ober-Schreiberhau – Hochstein/Wysoki Kamień – Bad Flinsberg,** 6 Std. 45 Min., rote Mark.; andere Möglichkeit: über Nieder-Schreiberhau, 1 Std. 40 Min., weiter nach Groß-Iser/ Hala Izerska (3 Std. 30 Min.) und Bad Flinsberg, 5 Std. 30 Min., blaue Mark.

7. **Ober-Schreiberhau – Brückenberg – Krummhübel,** grüne Mark., über den Kochelfall, 1 Std., dann nach Kiesewald, 1 Std. 45 Min., Burgruine Kynast, 3 Std. 40 Min., Brückenberg, 7 Std.

8. Rund um **Schreiberhau**
Ober-Schreiberhau – **Mariental**/Marysin – (evtl. Abstecher zum Zackelfall) – **Josephinenhütte**/»Huta Julia« – **Weißbachtal**/Biała Dolina – **Formsteine**/Zbójeckie Skały – **Nieder-Schreiberhau** – **Kochelfall** – Ober-Schreiberhau; zunächst ca. 10 Min. mit grüner Mark. hinunter entlang der Straße »Jedności Narodowej«, dann rechts ab die ul. 1-go Maja, weiter mit schwarzer Mark., 6 Std.

Diese Wanderung ist ziemlich anstrengend, aber sie bietet dem Wanderer herrliche Blicke auf den westlichen Teil des Riesengebirges und den östlichen Teil des Isergebirges.

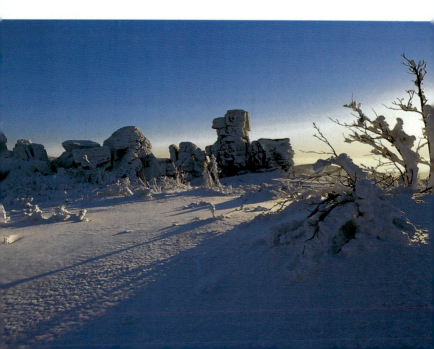

Kammweg

Kammwanderung im Riesengebirge

Die Kammwanderung gehört zu den beliebtesten Wanderungen im Riesengebirge. Der Kamm erstreckt sich mit etwa 30 km Länge vom Neuwelt-Paß bei Ober-Schreiberhau im Westen bis zu den Grenzbauden bei Schmiedeberg im Osten. Bei gutem Wetter bietet die wenig anstrengende Kammwanderung die herrlichsten Ausblicke auf Täler und Bergzüge der schlesischen und böhmische Seite. Der Kammweg wurde in den Jahren 1881 bis 1886 vom »Riesengebirgs-Verein« (RGV) angelegt.

Pferdekopfsteine im Winter

Dauer der Wanderungen und Wegbezeichnungen

Der Kammweg beginnt beim Reifträger oberhalb von Schreiberhau. Er verläuft dann weiter in Richtung Schneegrubenbaude – das Hohe Rad – Spindlerpaß – Mittagstein – Koppenplan – Schneekoppe – Eulenpaß – Grenzbauden (8 Std.) und ist mit roten Symbolen gekennzeichnet. Der Weg ist allen Personen, die sich ausweisen können, zugänglich.

Zum Reifträger gelangt man am besten mit dem Lift der Talstation in Mariental (so spart man Kräfte für die weitere Wanderung), oder man geht von Ober-Schreiberhau beim Fremdenverkehrsamt (Miejskie Biuro Turystyczne) bzw. dem Reisebüro Almar den Weg in Richtung Reifträger (zusätzlich 2 Std. 15 Min., für Ausdauernde). Nach der **Neuen Schlesischen Baude** (1195 m hoch gelegen, seit der Renovierung 1961/62 die größte Baude auf der schlesischen Seite des Riesengebirges, 80 Betten, Buffet, Vollpension, fließendes warmes und kaltes Wasser, Tel. 075/172421,

Blick in das Hirschberger Tal

NEUE SCHLESISCHE BAUDE/REIFTRÄGERBAUDE 161

Pferdekopfsteine

hervorragender Wintersportplatz, Skigelände [zwei Skilifte], Skiabfahrt nach Josephinenhütte und Mariental in Schreiberhau) gibt es etwa hundert Schritte oberhalb der Baude zwei Möglichkeiten, zu den Schneegruben zu gelangen.

Der erste Weg, *grüne Mark.*, führt über die **Pferdekopfsteine/** Końskie Łby (1298 m), einen am nördlichen Rand des Reifträgers gelegenen Felsen mit großartigem Fernblick, und dann fast zu den Sausteinen in den Hauptkammweg zurück. Von dort aus geht es nach links hinunter zu den Schneegruben.

Wer auf dem rot markierten Kammweg bleibt, steigt am Hang des Reifträgers dort hinauf, wo schon erstes Knieholz zu sehen ist. Dann geht man links ab (schwarze Mark.) und ist in wenigen Minuten auf dem Westgipfel des Reifträgers (1362 m) mit der **Reifträgerbaude** (gebaut 1921/22, 60 Betten, Tel. 0 75/17 21 19). Hier hat man den schönsten Rundblick im westlichen Riesengebirge, in das Hirschberger Tal und auf das Iser- und Lausitzer Gebirge. Im Winter breitet sich hier oben ein prächtiges Skigelände aus.

Kammweg und Reifträgerbaude

Reifträgerbaude und Sausteine

SAUSTEINE/QUARGSTEINE/ELBBRUNNEN **163**

Vom Reifträger zurück zum Hauptkammweg. Hier liegen die phantastischen Granittrümmer der sog. **Sausteine**/Trzy Świnki. Nun geht es etwas fallend, dann weiter steigend zu den **Quargsteinen**/Twarożnik (1332 m), einer südlich des Reifträgers aufgetürmten Felsmasse, und dann weiter östlich fast immer in gleicher Höhe nahe am steilen Abfall der Nordseite entlang (rechter Hand liegt die Elbquelle, eine der Quellen der Elbe auf der Elbwiese).

Es lohnt sich, vom Kammweg einen Abstecher zum **Elbbrunnen**/Labská studánka (pramen Labe, symb. Elbquelle, 1386 m) zu machen (gelbe Mark., 500 m). Die Elbquelle ist durch einen Betonring eingefaßt. Gleich daneben sieht man auf einem Felsblock die in Farbe ausgeführten **Wappen der 24 Städte,** welche die Elbe bis zu ihrer Mündung durchfließt (entworfen von Jiří Škopek). Vom Elbbrunnen führt ein Weg zur Elbfallbaude/Labská bouda, einem Berghotel (rote oder grüne Mark., etwa 1 km).

Auf dem Hauptkammweg geht es weiter an der Weggabelung westlich am Südhang der Veilchenspitze/Łabski Szczyt (1471 m)

Kammweg mit den Granittrümmern der sog. Sausteine

Schneegrubenbaude

in 20 Min. zur **Schneegrubenbaude** (1490 m, heute nur noch als Fernsehumsetzer genutzt.

Unmittelbar vor der Baude liegen im Abgrund die wilden Felsenkessel der **Schneegruben:** rechts (östlich) die Große Grube, links (westlich) die Kleine Grube, beides Gletscherkare der Eiszeit. Die Tiefe der Gruben beträgt von hier aus 192 m und an der nahesten Stelle des Randes 315 m (bis zum Niveau des Teiches in der Kleinen Grube). Das Innere der Schneegruben ist botanisch und geologisch gesehen von großem Interesse. Getrennt sind beide Gruben durch einen großen Felsvorsprung (Moräne). In der Kleinen Grube befindet sich die höchstgelegene Basaltsäule (Limburgit) in Europa (sie erstreckt sich bis in 1400 m Höhe), auf der Basaltsäule wächst der gegenblättrige Steinbrech, das einzige Vorkommen in Mitteleuropa. In den Gruben bleibt der Schnee besonders lange, oft den ganzen Sommer, liegen, daher ihr Name.

Von der Schneegrubenbaude führt der an schönen Aussichten reiche Kammweg zunächst am Rand der Großen Schneegrube entlang, das **Hohe Rad**/Wielki Szyszak (1509 m) umgehend, indem man anfangs dem Weg nach Agnetendorf oder Kiesewald folgt und dann, rechts abzweigend, mit schöner Aussicht auf das Tal wieder auf den eigentlichen Kammweg gelangt.

Schon vor dem Hohen Rad geht der Blick auf die **Große Sturmhaube**/Śmielec (1424 m), den Schwarzen Berg/Czarna Góra und rechts zum Ziegenrücken/Kozí hřbety und Karkonosch/Krkonoš. Die Aussicht auf das Elbtal auf der tschechischen Seite ist ebenfalls überwältigend.

Nun steigt man hinauf zu den **Mannsteinen**/Czeskie Kamienie (1416 m), einer 15 m hohen Felsmasse mit einzelnen Spitzen. Der Weg führt weiter auf den Mädelkamm, an den Mädelsteinen/Śląskie Kamienie (1413 m) vorüber. Nördlich liegt die Quelle des Hüttenwassers/Sopot.

Der Weg verläuft hinunter zur tiefsten Stelle des Kammes, dem **Löchel**/Przełęcz Dołek (1178 m), der einzigen Stelle, wo der Wald bis zur Höhe des Kammes hinaufreicht (hier führt links ab

Oberhalb der Schneegruben

ein schöner, blau markierter Weg nach Hain/Przesieka), und steigt dann wieder sanft über die Mädelwiese zum **Spindlerpaß/** Przełęcz Karkonoska (1198 m). Auf der böhmischen Seite (rechts) liegt die Spindlerbaude (1208 m).

Drei Minuten oberhalb der Spindlerbaude, auf schlesischem Boden, ist das **Jugendkammhaus Rübezahl/**Schronisko Odrodzenie gelegen (Tel. 075/22546, Jugendherberge, ganzjährig geöffnet, 1929 eingeweiht).

Von der Spindlerbaude geht es auf bequemem Weg weiter aufwärts an der nördlichen Seite der **Kleinen Sturmhaube/**Mały Szyszak (1436 m). Die Aussicht vom Gipfel gehört zu den großartigsten des ganzen Gebirges.

Der Kammweg führt am Nordhang der Kleinen Sturmhaube/ Mały Szyszak fast eben über das steil abfallende Hainer Schneeloch. In einer Stunde gelangt man zu der unmittelbar am Weg liegenden, eigentümlichen Felsgruppe des **Mittagsteins/**Słonecznik (12,5 m hoch, auf 1423 m Höhe, »Nest des Rübezahl« genannt). Er diente den Leuten im Eglitz- und Lomnitztal als natürliche Uhr.

Vom Mittagstein südöstlich auf dem Kammweg wandernd, sieht man nach zehn Minuten die Fundamentreste der ehemaligen **Prinz-Heinrich-Baude/**Schron (abgebrannt im Winter 1945/46) am Rand eines Gletscherkars des **Großen Teiches/**Wielki Staw. Die Wasserfläche des Großen Teiches liegt in einer Höhe von 1225 m (606 m lang, Flächeninhalt 8,2 ha, 24,5 m tief). Die durchschnittliche Wassertemperatur beträgt im Sommer 8,8 bis 14,2 °C. Im Winter besteht Lawinengefahr. So gab es im Jahre 1953 fünf Lawinenabstürze, einer davon war 150 m breit und zerdrückte ein Viertel des 80 cm starken Eises des Teichs. Hier hat man eine prächtige Aussicht in die Westsudeten. Das kristallklare Wasser fließt dem Großen Teich aus zwölf Rinnsalen vom Kamm her zu. Das Nordufer besteht aus einer gewaltigen, mit Knieholz und Gestrüpp überwachsenen Moräne.

Abstiege gibt es vom **Mittagstein/**Słonecznik entweder zur Hochebene **Schlingelbaude/**Polana, grüne Mark., 50 Min., oder

Kleiner Teich und Schneekoppe

KLEINER TEICH/KOPPENWEG

über die Dreisteine, 45 Min., und von dort aus nach **Krummhübel,** 45 Min., oder nach **Brückenberg,** 50 Min. (gelbe Mark.).

Der Kammweg verläuft mit herrlicher Aussicht weiter am oberen Rand der schroff abfallenden Felsenwände, biegt südlich ab, und bald erblickt man den **Kleinen Teich**/Mały Staw in dem wild-romantischen Gletscherkar (1183 m) 180 m unter sich. Unmittelbar neben dem Kleinen Teich liegt die Kleine Teichbaude/ Schronisko Samotnia. Der Kessel des Kleinen Teiches ist 225 m breit und 182 m lang, 6,6 m tief, Flächeninhalt 2,8 ha. Der Kammweg umgeht am oberen Rand der Steilwände die Grube des Kleinen Teiches und trifft 50 Min. nach der Prinz-Heinrich-Baude auf den von Krummhübel über die Hampelbaude heraufführenden Weg; von dort weiter zum **Koppenweg** (weiter, blaue Mark., zum Schlesierhaus/Schronisko pod Śnieżka, Jubiläumsweg/Droga Jubileuszowa, Riesenkamm/Czarny Grzbiet, Tafelstein/Skalny Stół, Schmiedeberger Kamm/Grzbiet Kowarski und zu den Grenzbauden/Przełęcz Okraj, insgesamt 3 Std. vom Schlesierhaus).

Kleine Teichbaude

Die wellige Fläche, die man nun angesichts der immer mächtiger aufragenden Koppen-Pyramide durchwandert, heißt **Koppenplan.** Es ist eine beinahe 7,5 km lange und 3 km breite Fläche (1445 m), die nach Norden steil als Seiffenlehne/Złotówka und Gehänge abfällt, um im Süden vom Brunnberg/Studniční hora (1554 m) mit Steinboden (zweithöchster Gipfel des Riesengebirges auf der böhmischen Seite) und dem Hochwiesenberg/Luční hora (1547 m) begrenzt zu werden. Man geht weiter auf dem schmalen Rücken zwischen Melzergrund/Kocioł Łomniczki und Riesengrund/Obří důl. An der verkehrsreichsten Stelle des Kam-

Koppenplan auf der böhmischen Seite

mes steht das **Schlesierhaus**/Schronisko pod Śnieżką (1420 m, erbaut im Jahre 1922, Buffet). Gleich daneben (rechts) stand die Riesenbaude/Obři b., die abgerissen worden ist.

Auf den Gipfel der **Schneekoppe** führt von der Baude aus in etwa 30 Minuten der steinige, ziemlich steile **Zickzackweg,** durch eine Steineinfassung und eine Kette gesichert. Der Weg bietet großartige Blicke in den tiefen Riesengrund/Obři důl, auf den Steilabfall des Brunnberges/Studniční hora und den Melzergrund/Kocioł Łomniczki.

Unter den nördlichen Hängen des Brunnberges erblicken wir das größte Berghotel des Riesengebirges, die Wiesenbaude/Luční bouda, mit 300 Betten und einem Restaurant mit 400 Plätzen.

Ein zweiter, etwas weiterer, bequemerer Aufstieg biegt 100 m oberhalb der Baude (blaue Mark.) links ab: der 1905 zur Feier des 25jährigen Bestehens des Riesengebirgs-Vereins eröffnete **Jubiläumsweg**/Droga Jubileuszowa. Er ist besonders für den Abstieg zu empfehlen, zieht sich in sanfter Steigung um den ganzen Koppenkegel herum und gewährt wundervolle Ausblicke (bis zum Gipfel etwa 45 Min.).

Hochmoor auf dem Koppenplan

Die **Schneekoppe**, 1603 m (Beschreibung siehe Wanderwege von Krummhübel), der höchste Berg im Riesengebirge und des Sudetenmassivs überhaupt, erlaubt eine weitumfassende Aussicht. Ein kleines Hotel auf der schlesischen Seite (nur fünf Betten, ein Einzelzimmer, zwei Doppelzimmer) bietet Übernachtungsmöglichkeiten (Tel. 075/268 51). Auf der böhmischen Seite gibt es nur ein Restaurant. Der Gipfel ist vom Petzer/Pec pod Sněžkou mit einem Doppelsessellift (zwei Abschnitte) zu erreichen.

Die Kammwanderung geht nun ihrem Ende zu. Von der Koppe führt der **Faltisweg**/Droga Przyjaźni (immer rote Mark.), auch in Windungen, den Jubiläumsweg kreuzend, 200 m hinab zum Riesenkamm/Czarny Grzbiet, einem an schönen Aussichten reichen Höhenzug, geht sanft auf die **Schwarze Koppe**/Czarna

Kopa (1407 m) zu, dann steiler hinab bis zum **Eulenpaß**/Przełęcz Sowia (1164 m), weiter bergauf, wo der Hauptkammweg geradeaus führt, allmählich fallend, immer mit der roten Mark., dieser die ganze Strecke des Kammweges auf tschechischem Gebiet folgend, nach 45 Minuten zu den **Grenzbauden**/Przełęcz Okraj (1050 m), einer zu Schmiedeberg gehörenden Baudengruppe, dem Grenzübergang (für Fußgänger und Pkw) an der Straße von Schmiedeberg in die Tschechische Republik.

Von hier aus führen Abstiege nach Schmiedeberg (siehe Beschreibung der Wanderwege von Schmiedeberg) und Krummhübel (grüne Mark.).

Riesengebirge in der Dämmerung

TOURISTISCHER TEIL 173

Ausflüge/Radtouren in die Umgebung des Riesengebirges

Dampfloks

Für Liebhaber dampfgetriebener Schienenfahrzeuge verkehren an bestimmten Tagen Züge auf der Strecke Breslau/Wrocław – Zobten/Sobótka – Schweidnitz/Świdnica – Königszelt/Jaworzyna Śląska – Kanth/Kąty Wrocławskie – Breslau. Nähere Informationen erhält man bei der Bahnauskunft in Breslau/Wrocław (Tel. 071/3436031), darüber hinaus besteht die Möglichkeit, eine Sonderfahrt zu beantragen (Auskunft: Tel. 071/683458, Fax 071/675882). Fahrkarten sind am Schalter im Hauptbahnhof in Breslau oder einer anderen Bahnstation zu lösen.

Fahrplan für die Fahrten z. B. am 20. April 1997 und 4. Mai 1997 (neuer Plan ab 1. Juni 1997): Abfahrt in Wrocław/Breslau (Hbf.) um 9.45 Uhr mit Weiterfahrt über Zobten/Sobótka; Ankunft in Königszelt um 11.40 Uhr, dann Pause zur Besichtigung des Freilichtmuseums mit Dampfloks. Elf dieser Lokomotiven stehen noch unter Dampf, insgesamt 21 können hier besichtigt werden (Skansen Lokomotyw Parowych, ul. Towarowa 2, 58-140 Jaworzyna Śląska (Königszelt), Tel. 074/588195, 588196, 588197.

Abfahrt in Jaworzyna Śląska (Königszelt) um 13.50 Uhr mit Weiterfahrt über Kąty Wrocławskie (Kanth) nach Breslau, dort Ankunft um 14.56 Uhr am Hauptbahnhof.

Fahrradwandern und Mountainbiking

Das Riesengebirge ist aufgrund der zahlreichen, meist gut ausgebauten Wege ein hervorragendes Terrain für kleinere und größere Radtouren und für Mountainbiking. Während im Vorland kleine, wenig befahrene Straßen und asphaltierte Wege ein angenehmes Fortkommen ermöglichen, sind die Wege im Hochgebirge nicht selten noch im Juni teilweise mit Schnee bedeckt.

Schneekoppe im Abendlicht

174 AUSFLÜGE/RADTOUREN IN DIE UMGEBUNG DES RIESENGEBIRGES

Im Bereich des Nationalparks ist das Fahrradfahren nur auf bestimmten Wegen und Straßen erlaubt. Außerhalb des Nationalparks sind Wege und Straßen ohne Einschränkungen zugänglich, wenn keine Verbotsschilder aufgestellt sind. *Bitte achten Sie auf den Autoverkehr!*

FREIGEGEBENE STRECKEN (IN KM) IM BEREICH DES NATIONALPARKS AUF DER POLNISCHEN SEITE DES RIESENGEBIRGES (dieselbe Markierung wie die Wanderwege; siehe die Karten auf den Seiten 108/109 und zum Schluß des Buches):

1. *In der Gemeinde Krummhübel (Karpacz)*

a) vom Hotel »Orlinek« (Teichmannbaude) zur Berghütte »Schronisko nad Łomniczką« (Melzergrundbaude) auf roter Markierung; 3,5 km;

b) von der Kirche Wang in Brückenberg/Karpacz Górny – Polana – Brücke Kozi Mostek – weiter zur Hampelbaude (blaue Zeichen, 4,3 km) bzw. vom Weg zur Hampelbaude Abstecher nach rechts zum Domek Myśliwski oder zur Kleinen Teichbaude (vom Hauptweg 0,45 km);

c) auf dem sog. »Urszula-Weg« vom Ferienhaus »Irena« in Karpacz-Górny/Brückenberg bis zur Brücke über den Fluß Łomniczka in Wolfshau/Wilcza Poręba (ohne Mark., 1,7 km).

2. *In der Gemeinde Giersdorf/Podgórzyn*

a) von Hain/Przesieka zum Spindlerpaß/Przełęcz Karkonoska, blaue Mark., 6 km;

b) von Hain nach Agnetendorf/Jagniątków, zunächst nach gelber Mark., dann auf dem Droga pod Reglami an den Bächen Polski Potok und Sopot vorbei (in Vorbereitung);

c) Rundweg von Jelenia Góra-Sobieszów zum Sitz der Nationalparkverwaltung des Riesengebirges (rote Mark.), dann ohne Mark. bis zum Bach Choiniec, weiter (gelbe Zeichen) zur Wegkreuzung unterhalb der Burg Kynast. Von hier mit grüner und roter Mark. zur Burg. Rote Zeichen führen zurück zum Ortszentrum am Ausgangspunkt.

FAHRRADWANDERN UND MOUNTAINBIKING **175**

3. *In der Gemeinde Petersdorf/Piechowice*
   der Zufahrtsweg zur Kochelfallbaude/Kochanówka vom Parkplatz an der Internationalen Straße Nr. 3 von Petersdorf nach
   Schreiberhau, schwarze oder blaue Mark., 0,3 km.

4. *Im Gemeindegebiet von Schreiberhau/Szklarska Poręba*
   a) vom Zackelfall zur Neuen Schlesischen Baude, rote Mark.,
      2,3 km;
   b) Zufahrtstraße von der Mittelstation des Liftes zum Reifträger
      bis zur Alten Schlesischen Baude, 5,5 km.

Besser geeignet für Touren und Mountainbiking ist die sonnige
Südseite des Riesengebirges. Hier gibt es auch in den Hochlagen
mehr ausgebaute, schneefreie Wege – insgesamt existieren auf der
böhmischen Seite des Riesengebirges über 250 km markierte
Radwege. Das Streckennetz zeigt die von der tschechischen
Nationalparkverwaltung im Maßstab 1:75 000 herausgegebene
Karte »Krkonossky Naródni Cyklistická«. Weitere Informationen
bietet der Reiseführer RIESENGEBIRGE – BÖHMISCHER TEIL
von *Karel Novak* und *Mariola Malerek,* ebenfalls erschienen im
Laumann-Verlag, Dülmen.
   Bitte beachten Sie, daß viele Radwege zugleich Wanderwege
und außerdem nicht immer besonders gekennzeichnet sind. Der
Kammweg im Riesengebirge (Ausnahme: die Strecke Petrovka
bis zum Spindlerpaß) ist für Radwanderer gesperrt!

Für die Gebiete außerhalb des Nationalparks und im Vorland, für
die es keine Einschränkungen gibt, können folgende Touren emp-
fohlen werden:
1. in Schmiedeberg der sog. »Hungerweg« – von Schmiedeberg
   hinauf zum Schmiedebergpaß, blaue Mark.;
2. von Wolfshau auf schwarzer Mark. zur Breiten Brücke und
   weiter auf grüner Mark. zu den Rabensteinen;
3. von Hartenberg nach Rozdroże Izerskie im Isergebirge;
4. von Agnetendorf über Kiesewald nach Petersdorf;

176 AUSFLÜGE/RADTOUREN IN DIE UMGEBUNG DES RIESENGEBIRGES

5. von Agnetendorf zur Wegkreuzung Drei Ahorne/Trzy Jawory auf schwarzer Mark., weiter auf dem Weg Droga pod Reglami nach Ober-Schreiberhau;
6. von Bad Warmbrunn nach Zillertal-Erdmannsdorf, grüne Mark.;
7. von Bad Warmbrunn nach Seidorf über Wzgórza Łomnickie;
8. von Zillertal-Erdmannsdorf nach Fischbach und weiter zur Berghütte »Szwajcarka« am Fuße der Falkenberge, grüne Mark.;
9. von Dąbrowica über Wojanów, Janowice Wielkie nach Marciszów (Hirschberg – Staupitz – Schildau, grüne Mark., dann ohne Mark).

Felsenstädte

Die Felsenstädte in der Nähe des Riesengebirges zählen zu den bedeutendsten Natur- und Kulturdenkmälern Mitteleuropas und sind Wander- und Kletterparadiese ersten Ranges: auf der böhmischen Seite die Adersbacher, die Teplicer und die Prachover Felsenstadt sowie das Heuscheuergebirge mit dem Hauptkamm bei Karlsberg und das Felsenlabyrinth der Wilden Löcher bei Bad Kudowa auf der polnischen Seite.

ADERSBACHER FELSENSTADT
Zufahrt zur Adersbacher Felsenstadt: Man fährt zunächst nach Trutnov und weiter in Richtung Nachod. Am Ausgang der Stadt auf die Hinweisschilder nach Adršpach/Adersbach achten! Ausgangspunkt: Station Adršpach (der Eingang zum Labyrinth der Felsenstadt ist ca. 300 m entfernt). Die Bahnstation Adršpach liegt 500 m hoch und ist etwa 4 km von Teplice entfernt. An der Durchgangsstraße unweit des Bahnhofes befindet sich ein gebührenpflichtiger Großparkplatz.

Die ADERSBACHER UND TEPLICER FELSENSTADT, mit 17,7 km² Fläche das größte zusammenhängende Sandsteingebiet

In der Adersbacher und Teplicer Felsenstadt

FELSENSTÄDTE 179

Europas, ist ein besonders spannendes und beeindruckendes Wandererlebnis. Sie bietet mehrere Möglichkeiten für Wanderer. Kurzbesuchern ist eine 4 km lange Route zu empfehlen, welche die 33 touristisch wichtigsten Felsmassive und -türme zeigt. Besuchern mit mehr Zeit schlagen wir eine 12 km lange Wanderung (4 bis 5 Std.) vor, die Rückfahrt erfolgt mit dem Zug vom Hotel »Orlík« in der Teplicer Felsenstadt. Die letzte Route beinhaltet eine Wanderung durch die Adersbacher und die Teplicer Felsenstadt. Unterwegs erleben wir über 2000 Felsentürme, mehrere Felsenlabyrinthe, Schluchten und Plateaus, alles aus Sandstein. Auf der Wanderung laden einige Einkehrmöglichkeiten zur Rast ein. *Bei Nässe sollte man wegen Rutschgefahr keine Wanderung planen!*

Die Teplicer Felsenstadt erkunden wir auf einer blau markierten Rundwanderung, die am Hotel »Orlík« in Teplice Matuje beginnt. Die blaue Markierung führt uns zum Eingang (Kassenhäuschen) in die Teplicer Felsenstadt.

Auf dem etwa 4 km langen Rundweg durch die Felsenstadt passieren wir eine Vielzahl gesicherter Steige, Stufenanlagen, Brücken und Schluchten sowie 33 sehenswerte Felsmassive und -türme. Die meisten Gebilde erhielten Namen, z. B. »Madonna«, »Lokomotive«, »Rübezahls Zahnstocher«, »Zuckerhut«, für die restlichen können Sie entsprechend Ihrer Phantasie einen eigenen Namen wählen. Mit fast jedem der großen Felsentürme ist eine Sage oder Legende verbunden.

Kurz erwähnt werden soll auch ein Weg durch die PRACHOVER FELSENSTADT (Prachovské skály).

In der Prachover Felsenstadt können wir zwischen einer kleinen und einer großen Wanderung wählen. Die Wanderungen beginnen an der Bushaltestelle Prachovské skály/Turistická Chata (360 m) nordwestlich von Jilčín, an der Endstation der Buslinie Jilčín – Prachovské skály. Mit dem Auto zweigen wir auf der Strecke Prachov – Libuň unterwegs an der Beschilderung »Turi-

In der Adersbacher und Teplicer Felsenstadt

180 AUSFLÜGE/RADTOUREN IN DIE UMGEBUNG DES RIESENGEBIRGES

Schroffe Felswände faszinieren den Besucher

stická Chata« ab. Der kleine Rundgang ist mit gelben, der große mit grünen Symbolen (mit einem Abstecher zum Schiefen Turm/ Šikmá věž«) markiert. Unterwegs begegnen wir gesicherten Steigen, Schluchten, Stufenanlagen usw. Eine Besichtigung ist gegen Gebühr möglich! Unterwegs wartet auf uns u. a. ein faszinierender Blick von der Friedensaussicht/Vyhlídka míru auf das Böhmische Paradies/Vyhlídka Ceského Ráje.

Eine weitere Felsenstadt, nämlich die »WILDEN LÖCHER«/ Błędne Skały auf der Strecke zwischen Wünschelburg/Radków und Bad Kudowa in POLEN, bietet sich zur Erkundung an. Hier sind besondere Einfahrtzeiten zu beachten – auf der Einbahnstraße ist die Einfahrt jeweils nur zur vollen Stunde möglich. Der knapp einstündige Rundgang ist mit roten Symbolen markiert. Unterwegs begegnen wir gesicherten Steigen, Schluchten, Stufenanlagen usw. Die Besichtigung ist gegen Gebühr möglich!

Felsengasse in der Adersbacher und Teplicer Felsenstadt

Besonders interessant ist auch eine Wanderung zu den Plateaus des GROSSEN HEUSCHEUERGEBIRGES, ebenfalls auf der polnischen Seite. Der Ausgangspunkt befindet sich in Karlsberg/ Karłów. Dort können wir das Auto abstellen (es gibt auch einen bewachten Parkplatz) und folgen der gelben Markierung zum Plateau. Dann beginnt die einstündige, sehr abwechslungsreiche Wanderung (rote Zeichen) mit Schluchten und gesicherten Steigen durch die bizarren Sandsteinformationen (Eintritt ist zu entrichten!).

Fürstenstein/Zamek Książ

Fürstenstein, das größte und zugleich eines der schönsten Schlösser Schlesiens, wurde in mehreren Jahrhunderten erbaut. Aus dem 13. Jh. stammt der Bergfried, um den die einzelnen Gebäude nach und nach gruppiert wurden. Der letzte Bauabschnitt, die Westfassade, entstammt dem frühen 20. Jh. Der barocke, völlig restaurierte Maximilianssaal verdient Beachtung. Neben dem Schloß befindet sich ein Pferdegestüt.

Adresse: Zamek Książ, ul. Piastów Śląskich 1, Wałbrzych, Tel. 074/432618, 432717, 432840, Fax 074/432841. Besichtigungen an Werktagen von 9 bis 17 Uhr, sonntags und an Feiertagen bis 18 Uhr, Führungen auch in deutscher und englischer Sprache.

Nähere Informationen können Sie dem Reiseführer SCHLOSS FÜRSTENSTEIN, erschienen im Laumann-Verlag, Dülmen, entnehmen.

Friedenskirchen

Die Friedenskirchen sind Relikte der habsburgischen Geschichte Schlesiens. Die bedeutendste, zugleich die größte Holzkirche Europas, steht in Schweidnitz (ca. 60 km von Hirschberg entfernt) und ist der Hl. Dreifaltigkeit geweiht. Sie wurde den evangelischen Christen im Westfälischen Frieden von 1648 zugestanden.

Errichtet wurde sie 1657/58 als Fachwerkbau mit Emporen und flacher Decke mit etwa 7500 Plätzen (geöffnet von 9 bis 13 und von 15 bis 17 Uhr; Parafia Ewangelicka, 58-100 Świdnica, Plac Pokoju 6, Tel. 074/522).

Von hohem Rang ist auch die zweite der Friedenskirchen in Jauer (Jawor) von 1654/55; sie bietet etwa 6000 Menschen Platz (geöffnet von 9 bis 13 und von 15 bis 17 Uhr; Parafia Ewangelicka, 59-400 Jawor, ul. Limanowskiego 4, Tel. 076/505145).

Grunau/Jeżów Sudecki

Vom 15. bis zum 17. Jh. wurden hier Gold und Silber gefördert. Ab 1504 gehörte die Ortschaft zur Stadt Hirschberg. Aus dem Jahre 1601 stammt das Holzhaus einer Bergmannsfamilie – das älteste Umgebindehaus Niederschlesiens. Eine bedeutende Erwerbsquelle der Dorfbewohner war im 18./19. Jh. die Flachsverarbeitung. In etwa 250 Häusern standen über 550 Webstühle.

Grunau bei Hirschberg war schon in den 20er Jahren dieses Jahrhunderts durch den Segelflugsport bekannt. Besonders gute thermische Bedingungen ermöglichen hier im Hirschberger Tal den Piloten höchste Flughöhen. Bei den Segelfliegern ist die Auszeichnung »Diamant«, die für besondere fliegerische Leistungen verliehen wird, besonders begehrt. Im Bober-Katzbach-Gebirge sind Fallschirmabsprünge und Segelflugsport sowie Rundflüge mit Doppeldeckern (je zwölf Personen) über das Riesengebirge zu empfehlen. Adresse: Aeroklub Jeleniogórski (Flughafen), ul. Łomnicka, Tel. 075/26020, Fax 075/23701.

Grüssau/Krzeszów

Zufahrt: von Kamienna Góra (von Wałbrzych oder Jelenia Góra zu erreichen) (7 km) direkt oder über Lubawka/Liebau (4 km).

Grüssau, ein kleines Dorf mit etwa 900 Einwohnern, ist durch das ehemalige Zisterzienserkloster und die Klosterkirche sehr

GRÜSSAU 185

bekannt. Von 1242 bis 1289 existierte hier eine Benediktinerabtei.
1292 siedelten sich Zisterziensermönche aus Heinrichau an.
Der bedeutendste der Äbte, Bernhard Rosa (1660–1696), erbaute 1662 die Josephskirche, die von dem hervorragenden Maler
Michael Willmann in Fresco-Technik ausgemalt wurde. Das Leit-
thema der Fresken ist die Heilige Familie.
1728/35 wurde an der Stelle der alten Marienkirche eine neue
barocke Basilika gleichen Namens errichtet. Der Schöpfer dieses
berühmten Baudenkmals ist unbekannt. Fasziniert betrachtet
man die 71 m emporsteigende, zweitürmige Fassade mit dem
Figurenschmuck der Bildhauer F. Maximilian Brokoff und Mat-
thias Braun – sie gehört zu den Höhepunkten barocker Fassaden-
gestaltung. Das Hochaltarbild ist ein Werk des Malers Peter
Brandl, das Deckengemälde schuf Georg Wilhelm Neunhertz.
Besondere Beachtung verdienen die große Orgel von Michael
Engler (1732/36), das Gnadenbild aus dem 13./14. Jh. sowie die
Fürstenkapelle (1735/38) für die Fürsten von Schweidnitz und
Jauer. Zum Spaziergang lädt der Große Grüssauer Kreuzweg mit
44 Stationen ein. Adresse: Parafia w Krzeszowie, 58-405 Krze-
szów, Tel. 0798/12325.
Es finden auch Führungen in deutscher Sprache statt. Anmel-
dungen bei den Schwestern im Konventsgebäude (zweiter Ein-
gang von rechts). Feierliche Messen werden gefeiert: am 15. Au-
gust (Mariä Himmelfahrt), am 14. September (Kreuzerhöhung),
am 19. März (Josephstag) und am 1. Mai (Josephstag).
Weitere Informationen finden Sie in dem Reiseführer KLO-
STER GRÜSSAU von Dorota Kudera, erschienen im Laumann-
Verlag, Dülmen.

4 km von Grüssau entfernt liegt **Schömberg**/Chełmsko Śląskie.
Sehenswert sind hier die insgesamt elf hölzernen Weberhäuser
aus dem 18. Jh.

Stiftskirche (links) und Josephskirche (rechts) in Grüssau

Kreisau/Krzyżowa – Kreisauer Kreis

Vom 21. bis 25. Mai 1942 trafen sich im Berghaus in Kreisau bei Schweidnitz zum erstenmal einige Männer und Frauen, die sich Gedanken über die Zukunft Deutschlands nach dem verloren geglaubten Krieg machten. Es versammelten sich – unter Leitung von Helmuth James Graf von Moltke und Peter Graf Yorck von Wartenburg – etwa 20 Verschwörer, unter ihnen Julius Leber, Carlo Mierendorff, Adolf Reichwein, Eugen Gerstenmaier, Pater Augustin Rösch und Pater Alfred Delp.

Inzwischen wurden in Kreisau Schloß und Berghaus von verschiedenen Stiftungen wiederaufgebaut. Sie dienen heute der europäischen Jugend als Begegnungsstätte. Kreisau wird somit zu einem Symbol für ein geeintes Europa. 1989 wurde hier eine »Versöhnungsmesse« in Anwesenheit des deutschen Bundeskanzlers Helmut Kohl und des damaligen polnischen Ministerpräsidenten Tadeusz Mazowiecki gefeiert. *Allgemeine Informationen:* Intern. Begegnungsstätte Kreisau (Krzyżowa 7, Tel. 074/522982). Hier werden Seminare und Tagungen organisiert (es bestehen Übernachtungsmöglichkeiten).

Mauer/Pilchowice

Nahe der Ortschaft Mauer wurde 1902/12 die große Bobertalsperre mit 50 Millionen m^3 Stauraum errichtet. Sie liegt wunderschön in die Landschaft eingebettet. *Zufahrt:* Zuerst von Jelenia Góra/Hirschberg in Richtung Lwówek Śląski/Löwenberg auf der Straße Nr. 370, in Pilchowice/Mauer biegen wir entsprechend der Ausschilderung nach links ab. Das Fahrzeug kann man bei der Talsperre abstellen; ca. 200 m von der Talsperre entfernt gibt es eine Einkehrmöglichkeit. Bei schönem Wetter lohnt sich eine Bootsfahrt mit einem der Ruderboote über den Blauen See. Die Talsperre ist auch durch eine romantische Fahrt mit dem Zug von Jelenia Góra in Richtung Lwówek Śląski/Löwenberg zu erreichen.

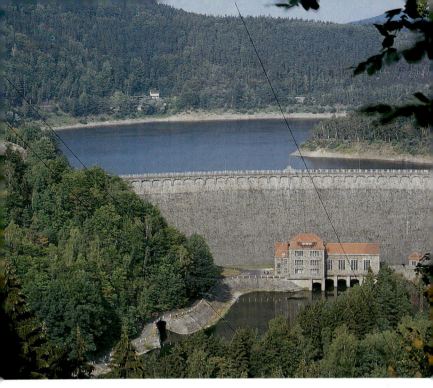

Bobertalsperre bei Mauer

Schlesisches Burgenland

Von Hirschberg geht unsere Fahrt zunächst nach Bolkenhain/ Bolków zur sehenswerten Ruine Bolkoburg der Piastenherzöge. Unweit erblicken wir die Schweinhausburg/Zamek Świny. Von Bolkenhain führt uns ein kleiner Abstecher zur Burgruine Nimmersath/Zamek Niesytno in Płonina, einer berüchtigten Räuberburg aus dem Mittelalter.

Wenn wir von Hirschberg aus in die westliche Richtung fahren, gelangen wir nach etwa 30 km zur Burgruine Greif/Zamek Gryf, unweit Greiffenberg/Gryfów. Etwas weiter in Richtung Marklissa/ Mirsk sehen wir die Burg Tzschocha/Zamek Czocha (s. S. 188) und dann die wunderschön gelegene Schwertburg/Zamek Świecie.

Luftaufnahme der Burg Tzschocha

Siedlęcin/Boberröhrsdorf

In Boberröhrsdorf, etwa 6 km nordwestlich von Hirschberg in Richtung Lwówek Śląski/Löwenberg, befindet sich ein sehenswerter Ritterturm. Im Ort müssen wir uns zunächst in Richtung Kirche halten, neben der Kirche erhebt sich der Turm. Der Zugang erfolgt über einen Bauernhof (der Schlüssel ist bei der dort lebenden Familie erhältlich).

Die Geschichte des Turmes reicht in das Mittelalter zurück. Der Baumeister des im 13. und 14. Jh. errichteten Ritterturmes ist unbekannt. Der Turm besitzt drei Stockwerke mit Speicher, Küche, einem sehr schönen Rittersaal und einem Schlafsaal.

Kleine Talsperre auf dem Fluß Bober,
im Hintergrund das Restaurant »Perła Zachodu«

Die Wandmalerei eines unbekannten Meisters aus dem 14. Jh. verdient große Beachtung. Sie gehört zu den ersten Malereien in Schlesien mit weltlicher Thematik und stellt die Geschichte des Ritters Iwein, die Stiftung der Abtei in Grüssau sowie Leben und Tod des hl. Christophorus dar. Der Turm wurde u. a. als Speicher, aber auch als Altersruhesitz der Familie Schaffgotsch (im 17. und 18. Jh.) genutzt. Heute ist er für Touristen zur Besichtigung freigegeben.

Zum Schluß einige wichtige Ratschläge

ALKOHOL
Das absolute Alkoholverbot (zugelassen sind 0,2 Promille) beim Autofahren ist unbedingt zu befolgen. Ausländische Fahrzeuge werden besonders häufig kontrolliert! Ein hohes Bußgeld ist dann zu entrichten!

DIEBSTAHL
Parken Sie unbedingt auf bewachten Parkplätzen! Mercedes, BMW und Audi sind die am meisten begehrten Marken von international operierenden Diebesbanden. Bei Einheimischen sind Mountainbikes sehr »begehrt«. Achten Sie auch auf Ihre Taschen, Fotoapparate usw., besonders auf Märkten, Flohmärkten, Bahnhöfen und in Geschäften. Empfehlenswert ist es auch, Ihre persönlichen Wertgegenstände, höhere Geldbeträge und Dokumente im Hotelsafe zu deponieren.

FUSSGÄNGER
Polnische Autofahrer berücksichtigen häufig nicht, daß Fußgänger auf dem Zebrastreifen Vortritt haben – deswegen achten Sie auf Autos!

GELD UND GELDUMTAUSCH
Tauschen Sie niemals auf der Straße! Unter Umständen erhalten Sie falsches oder ungültiges Geld. Meist ist der Kurs auch ungünstiger als in der Bank oder in den privaten Wechselstuben. Der Geldumtausch in Hotels ist sicher, die Kurse sind aber nicht selten geringfügig ungünstiger als bei Banken. In Geschäften, Restaurants, auf Märkten usw. zahlen Sie am besten in der Landeswährung. Natürlich wird man auch Ihre DM gern annehmen, aber zu Kursen, die häufig schlechter als die der Wechselstuben sind.

PARKEN
Man sollte nur auf ausgewiesenen und bewachten Parkplätzen parken. Ordnungswidriges Parken wird mit Bußgeld belegt!

Literatur

1. Czerwiński, J./Mazurski, K.R.: Sudety. Sudety Zachodnie. Sport i Turystyka, Warszawa 1983
2. Dolny Śląsk. Panorama Turystyczna. Warszawa 1978
3. Grieben: Riesengebirge, kleine Ausgabe. Berlin 1926
4. Karkonosze. Wyd. Wojewódzki Dom Kultury w Jeleniej Górze
5. Knebel, H.: Schlesien, Würzburg 1986
6. Krkonoše. Reiseführer durch das größte Gebirge Böhmens, Praha 1985
7. Kurorte und ihre Umgebung in Niederschlesien. Balneologie – Geschichte – Natur – Kunst, Wrocław 1978
8. Pilch, J.: Zabytki architektury Dolnego Śląska Wyd. Ossolineum 1978
9. Polyglott: Reiseführer Polen, München 1976
10. Steć, T.: Sudety Zachodnie, część, I. Sport i Turystyka, Warszawa 1965
11. Szarek, B.W.: Karkonosze-część zachodnia, Wyd. PTTK »Kraj«, Warszawa-Kraków 1984
12. Szarek, B.W.: Karkonosze-część zachodnia, Wyd. PTTK »Kraj«, Warszawa-Kraków 1985
13. Szarek, B.W.: Kotlina Jeleniogórska. Wyd. PTTK »Kraj«, Warszawa-Kraków 1989
14. Trierenberg, H.: Heimat Schlesien – Oderniederung, Mannheim 1982
15. Trierenberg, H.: Reiseführer Schlesien, Würzburg 1987
16. Walczak, W.: Sudety. Sport i Turystyka, Warszawa 1968
17. Hauptmann, C.: Rübezahl-Buch, Paul List Verlag, Leipzig 1915
18. Engels, B.: Zur Entstehung der Steinkessel (»Opferkessel«) im Riesengebirge. Zeitschrift der Dt. geologischen Gesellschaft 1980, S. 771/779
19. Spaethe, W.E.: Breslau und Schlesien, wie es nicht jeder kennt. Breslauer Verlags- und Druckerei GmbH, 1936
20. Höhne, A.: Hirschberg im Riesengebirge. Helmut Preußler Verlag, Nürnberg 1985
21. Kulik, Z.: Jelenia Góra i okolice. Sport i Turystyka 1986
22. Pater, J.: Katalog ruchomych zabytków sztuki sakralnej w Archidiecezji Wrocławskiej. Kuria Arcybiskupia Wrocławska, Wrocław 1982
23. Petrák, E. R.: Riesengebirge. A. Hartlebens Verlag, Wien, Pest, Leipzig 1891
24. Steć, T., Walczak, W.: Karkonosze, Sport i Turystyka, Warszawa 1962
25. Trierenberg, H.: Reisewege zu historischen Stätten in Niederschlesien, Laumann-Verlag, Dülmen 1996
26. Typisch schlesisch, hrsg. von Hajo Knebel, Ullstein 1991

Straßen- und Landkarten

Carte Routiere Pologne, 1:750000. Państwowe Przedsiębiorstwo Wydawnictw Kartograficzynch, Warszawa-Wrocław 1986

Sudety Zachodnie, 1:200000, Wyd. Sport i Turystyka, Warszawa 1965

Karkonosze, M. 1:75 000, Państwowe Przedsiębiorstwo Wydawnictw Kartograficzynch, Warszawa 1974 Karkonoski Park Narodowy, M. 1:3000, Państwowe Przedsiębiorstwo Wydawnictw Kartograficzynch, Warszawa-Wrocław 1987

Hinweise für Touristen

Allgemeine Angaben zu Polen

Einwohner: ca. 40 Millionen; Nationalität: Polen 98,7%, kleinere Minderheiten (Deutsche, Ukrainer, Weißrussen u.a.); Amtssprache: Polnisch; 95% Katholiken; es besteht eine achtjährige Schulpflicht; Durchschnittseinkommen: ca. 550 DM/Monat; Arbeitslosenquote: 13,6%; Wirtschaftswachstum: 5%; Inflationsrate: ca. 17%; Zeitzone: MEZ.

Anreise

MIT DEM AUTO

Polen verfügt über ein weitverzweigtes Straßennetz mit überwiegend guter Fahrbahndecke. Verhältnismäßig viele Radfahrer, landwirtschaftliche Fahrzeuge und Pferdefuhrwerke sind unterwegs, die teilweise unzureichend beleuchtet sind (besonders auf dem Lande).

Grenzübergänge

Stark frequentiert werden Waidhaus-Razvadon auf der Fernstraße E 50 Nürnberg – Pilsen – Prag, der Grenzübergang in Harrachov/Jakuszyce (Tschechische Republik zu Polen,

Tel. 075/172375), der Grenzübergang an der E 55 Berlin – Dresden – Prag, der Grenzübergang in Görlitz/Zgorzelec (E 40), der Grenzübergang in Zittau/Sieniawka, der Grenzübergang in Forst/Olszyna an der Straße 12/A4 und der Grenzübergang Frankfurt (Oder)/Świecko (E 30).

Die Paßkontrolle dauert im Durchschnitt etwa 15 Minuten. In der Republik Polen besteht keine Mautpflicht.

MIT DEM FLUGZEUG

Das Riesengebirge hat keinen internationalen Flughafen. Der nächstgelegene befindet sich in Breslau (Wrocław), ca. 120 km vom Riesengebirge entfernt. Breslau hat ständige Flugverbindungen mit Frankfurt, Wien und Düsseldorf; Auskunft: Breslau (071) 570734 und 952 (landesweit). Außerdem werden andere Ziele über Warschau angeflogen (die Lufthansa fliegt Warschau von München, Hamburg, Düsseldorf und Frankfurt aus an).

Der Breslauer Flughafen *Starachowice* liegt südwestlich von Breslau, etwa 10 km vom Stadtzentrum entfernt. *Zufahrt zum Flughafen:* Linienbus Nr. 106, werktags alle 20 Min., samstags, sonn- und feiertags alle 25 Min., oder mit dem Taxi (ca. 20,- DM).

MIT DEM ZUG

Direkte Zugverbindungen nach Hirschberg gibt es von Frankfurt/M., Dresden und Görlitz (Auskunft in Hirschberg: Tel. 075/23936).

Von Görlitz, Bushaltestelle am Kaufhof (Zentrum), fahren Linienbusse jede halbe Stunde von 9 bis 18 Uhr

HINWEISE FÜR TOURISTEN 193

täglich nach Zgorzelec (Polen) zum Busbahnhof (PKS). Umgekehrt fahren vom Busbahnhof (PKS) in Zgorzelec auch täglich Busse nach Görlitz (jede halbe Stunde von 9 bis 18 Uhr). Die Fahrt dauert ca. 20 Min. und kostet 1,50 DM.
Es ist auch möglich, mit dem Zug über Breslau anzureisen (ca. 120 km von Hirschberg entfernt). Im Breslauer Eisenbahnknotenpunkt haben alle durchfahrenden internationalen EC- und D-Züge im Zentralbahnhof (Dworzec Centralny) Aufenthalt (Auskunft über internationale Züge: Tel. 071/3436031). Von dort aus bestehen direkte Zugverbindungen nach Frankfurt a. M., Berlin, Leipzig und Dresden.
Auskünfte erteilen: die *Vertretung der Polnischen Bahnen PKP, Schillerstr. 3, Frankfurt a. M., Tel. (069) 294366* sowie die *Generalvertretung der Polnischen Bahnen PKP, Berlin, Tel. (030) 2423453.*

Mitnahme von Fahrrädern

Im Verkehr zwischen Deutschland und Polen werden internationale Fahrradkarten zum Preis von 8 Ecu pro Fahrrad von und nach allen Bahnhöfen in Deutschland und in Polen ausgegeben.

Mit dem Bus

Aus allen großen Städten in Deutschland und Österreich fahren regelmäßig Linienbusse (private Anbieter) nach Breslau und Hirschberg (im Schnitt viermal wöchentlich). Außerdem werden mehrtägige Busreisen [mit vielfältigen Programmen (Besichtigung usw.)] angeboten.

Die Verbindungen Breslaus und Hirschbergs mit den Hauptstädten und Zentren Europas werden durch das staatliche Autobusunternehmen PKS (Tel. 071/618122 und 612299) sowie durch zahlreiche Privatlinien ergänzt, z. B. ALMABUS, Wrocław, ul. Kościuszki 34, Tel. 071/447713 und 444728.
Das Busunternehmen PKS in Hirschberg (58-500 Jelenia Góra, ul. Obrońców Pokoju 1b, Tel. 075/647471, Fax 075/26073, Tx 075291) fährt regelmäßig in viele Städte Polens.

Apotheken (Apteka)
Pod Złotą Wagą, 58-550 Karpacz,
  ul. Konstytucji 3 Maja 82,
  Tel. (075) 619255
58-530 Kowary, ul. 1 Maja 10,
  Tel. (075) 182313
Karkonoska, 58-500 Jelenia Góra,
  ul. 1 Maja 70, Tel. (075) 23347
Karkonoska, 58-500 Jelenia Góra,
  ul. Morcinka 1, Tel. (075) 24826
Piastowska, 58-560 Jelenia Góra-
  Cieplice, Pl. Piastowski 30,
  Tel. (075) 51227
58-570 Jelenia Góra-Sobieszów,
  ul. Sadowa 11, Tel. 53404
58-573 Piechowice, ul. 22 Lipca 1,
  Tel. (075) 53701
58-585 Szklarska Poręba,
  ul. Jedności Narodowej 7,
  Tel. (075) 172231

Autoservice
BMW, A.S.O. Budzyn, 58-560
  Jelenia Góra, Krosnienska 2b,
  Tel./Fax (075) 51157
Mercedes (Service), 58-500 Jelenia
  Góra, ul. Słowackiego 3, Tel.
  (075) 647209, Fax (075) 646754

194 HINWEISE FÜR TOURISTEN

*VW und Audi, Autoryzowana Stacja
Obsługi Grabowski,*
58-500 Jelenia Góra,
ul. Wolności 133, Tel. (075) 25336

Autovermietung
ORBIS Travel, Jelenia Góra,
ul. 1 maja 1, Tel./Fax (075) 26521,
23785, Fax (075) 26211
Avis, Wrocław, Tel. (071) 723567,
Fax (071) 3430928

Bergführer- und Skischule
Szkoła Górska Przewodników,
ul. Obrońców 6a, 58-500 Karpacz,
Tel. (075) 619711, (075) 19316
Krystyna Trylańska-Maćkówka,
58-580 Szklarska Poręba
(Schreiberhau)
AESCULAP, ul. Wzgórze Paderews-
kiego, Tel. (075) 173160
(nur Skischule)
Kamix, 58-580 Szklarska Poręba
(Schreiberhau), ul. Turystyczna
26, Tel. (075) 172041
(nur Skischule)
Sport Park, 58-580 Szklarska Poręba
(Schreiberhau), ul. Urocza 3a,
Tel. (075) 172968 (nur Skischule)

Bergwacht (in Polen GOPR)
GOPR, Jelenia Góra, ul. Sudecka 79,
Tel. (075) 24734, Tx 075742;
Telefonalarm: 986 (landesweit)

Botschaften
Bundesrepublik Deutschland
03-932 Warszawa (Warschau),
ul. Dąbrowiecka 30,
Tel. (022) 6173011, Tx 813455
Konsularabteilung: ul. Katowicka
33, 03-932 Warszawa,
Tel. (022) 6176065, Tx 813455

Holland, 03-932 Warszawa, ul.
Rakowiecka 19, Tel. (022) 492351
Österreich, 03-932 Warszawa, ul.
Gagarina 34, Tel. (022) 410081
Schweiz, 03-932 Warszawa,
Al. Ujazdowskie 27,
Tel. (022) 6280481

Buchläden (Księgarnie) mit fremd-sprachiger und Reiseliteratur

JELENIA GÓRA (HIRSCHBERG)
Promyk (Buchhandlung),
ul. Pl. Piastowski 23, Jelenia
Góra-Cieplice, Tel. (075) 51109
RUCH, ul. 1 Maja 84,
Tel. (075) 25011–13
WAM (Buchhandlung),
ul. Długa 1, Tel. (075) 25227

KARPACZ (KRUMMHÜBEL)
Buchhandlung, ul. Konstytucji 3
Maja 5, Tel. (075) 619551,
Fax (075) 619553

KOWARY (SCHMIEDEBERG)
Buchhandlung, ul. 1 Maja 23

PIECHOWICE (PETERSDORF)
ALFA (Buchhandlung),
ul. Żymierskiego 100

SZKLARSKA PORĘBA
(SCHREIBERHAU)
Libra (Buchhandlung),
ul. Jedności Narodowej 10,
Tel./Fax (075) 172426

Diskotheken
Es gibt zahlreiche Diskotheken in
Hirschberg und Umgebung. Meistens
sind sie bis 2 Uhr geöffnet.

JELENIA GÓRA (HIRSCHBERG)

Alcatraz, ul. Wolności 258
Paradise, ul. Cieplicka 172
Pod Fontanną, ul. Wolności 38
Stylowa, ul. Wolności 3

KARPACZ (KRUMMHÜBEL)

Krystyna, ul. Karkonoska 12 b
Oaza, ul. Linowa 2,
Tel. (075) 619459
Oskar, ul. Rybacka 2,
Tel. (075) 619633
Sabat (im Hotel Skalny),
ul. Obrońców Pokoju 5,
Tel. (075) 619721
Śnieżka, ul. Konstytucji 3 Maja 35

KOWARY (SCHMIEDEBERG)

Im Hotel »Przywodzie«, ul. Karkonoska 14
Egzotyczna, ul. Szkolna 2

PODGÓRZYN (GIERSDORF)

Nad Stawami (Teichschenke),
ul. Żołnierska 2, Tel. (075) 53336
(Tanzabend und Diskothek)
Rancho, ul. Pułaskiego (Diskothek)

SOSNÓWKA

Skorpion, Tel. (075) 610248
(auch Café)

Einkäufe

Souvenirläden sind meistens auch
samstags und sonntags geöffnet. Es
lohnt sich der Einkauf von Volks-
kunstwaren, Mineralien, Leinenpro-
dukten (Tischdecken), Kristall- und
Lederwaren, Bunzlauer Keramik.

Elektrogeräte

220 Volt, kein Adapter für Stecker
nötig.

Expreß-Transportdienste

EMS pocztex, Schnellpostdienst von
jedem Postamt, Auskunft
Hirschberg (075) 24390.

Fahrradverleih

Andrzej-Sport, Karpacz,
ul. Konstytucji 3 maja 56/1,
Tel./Fax (075) 619954
*Ośrodek Górskiej Turystyki
Rowerowej*, Szklarska Poręba-
Jakuszyce, Tel. (075) 172022
Sport-Servise, Szklarska Poręba
(Schreiberhau), ul. Jedności
Narodowej 2,
Tel./Fax (075) 172041
Sport Park, Szklarska Poręba,
ul. Okrzei 21, Tel. (075) 172841

Feiertage

Neujahr, Ostermontag, 1. Mai,
3. Mai, Fronleichnam, Mariä Himmelfahrt, Allerheiligen, 11. November (Nationalfeiertag), 25. und 26.
Dezember.

Fluggesellschaften

HAUPTBÜROS IN WARSCHAU

Aeroflot, Al. Jerozolimskie 29,
Tel. (022) 6281710
Air France, ul. Krucza 19,
Tel. (022) 6281281
Alitalia, ul. Moliera 8, Tel. (022)
262801
American Airlines, Al. Ujazdowskie
20, Tel. (022) 6253002
Lithuanian Air, Tel. (022) 6502646
LOT, Al. Jerozolimskie 65/79,
Tel. (022) 6281009
Lufthansa, ul. Królewska 11,
Tel. (022) 6302555

Folkloreabend

In Komarno in der Hütte »Muflon«,
58-514 Jelenia Góra, Komarno
145, Tel./Fax (075) 21777
(rustikales Essen, gute Musik,
bitte rechtzeitig anmelden!)
U Ducha Gór, 58-550 Karpacz, ul.
Olimpijska 5, Tel. (075) 619503
(Ausstattung in Holz, gutes Essen
und nach Bestellung auch Musik)

Fremdenführer-Vermittlung

Centralna Recepcja Turystyczna,
Pl. Ratuszowy 2, Tel. (075) 24506
AL-MAR, s.c. Alicja Januszka,
58-580 Szklarska Poręba, ul.
Jedności Narodowej 6,
Tel. (075) 172123
Antoni Witczak, 58-560 Jelenia Góra,
ul. Daniłowskiego 15,
Tel. (075) 52921;
Andrzej Brzeziński, ul. 3 Maja 50/4,
Karpacz, Tel. (075) 619847
andere Bergführer:
Leszek Maj, Tel. (075) 172916;
Janusz Michalewski,
Tel. (075) 51053;
Leszek Krzeptowski,
Tel. (075) 53666;
Robert Schuber, Tel. (075) 31478
Fremdenführer-Vermittlung in
Schreiberhau (Zespół Przewod-
ników Sudeckich),
ul. Jedności Narodowej 3,
Tel./Fax (075) 172449
Fremdenführer werden auch in den
Hotels »Jelenia Góra«, »Cieplice«
und »Skalny« vermittelt.

Fremdenverkehrsämter und Reisebüros

JELENIA GÓRA (HIRSCHBERG)

Fremdenverkehrsamt: Sudecka
Agencja Promocji Turystycznej,
ul. 1 Maja 42, Tel./Fax (075)
24054, Tel. (075) 25114;
Centralna Recepcja Informacji
Turystycznej, Pl. Ratuszowy 2,
Tel. (075) 24506
Karkonosze (P.P.), ul. 1 maja 16/18,
Tel. (075) 23352,
Fax (075) 24495
Orbis Travel, ul. 1 Maja 1,
Tel. (075) 26206,
Fax (075) 26211,
Tel./Fax (075) 26521, 23785,
Tx 755307, 755308
(Übernachtungen, Bergführer-
vermittlung usw.)
PAK-Tourist, ul. Wolności 12,
Tel. (075) 22066
PZMot, ul. Wolności 57,
Tel. (075) 22544, (075) 26285,
Fax (075) 648967, Tx 075793
(Führerscheinerwerb, Tourismus);
entspricht in begrenzter Form
dem ADAC
PTTK (Verband für Landeskunde und
Touristik), ul. 1-go Maja 88,
Tel. (075) 25851
RED, ul. Bankowa 36,
Tel. (075) 26215
RELAKS, Marcin Podworski,
ul. Bankowa 22, Tel. (075) 23578

KARPACZ (KRUMMHÜBEL)

Fremdenverkehrsamt: Centrum
Informacji Turystycznej i Kultury,
ul. Konstytucji 3 Maja 25a,
Tel./Fax (075) 619716 und
619453, Tx 755148

EMAKS, ul. Konstytucji 3 Maja 52,
Tel./Fax (075) 619547

KOWARY (SCHMIEDEBERG)

*Fremdenverkehrsamt: Centrum
Informacji Turystycznej*, ul. 1-go
Maja 50 a, Tel. (075) 182499

PIECHOWICE (PETERSDORF)

*Fremdenverkehrsamt: Biuro Promocji
Turystycznej*, ul. Żymierskiego 53,
Tel. (075) 53309, Fax (075) 53609
*Maciej Stanisz (Tourismus für die
Jugend)*, ul. Żymierskiego 53,
Tel. (075) 54762
Karkonosz, Usługi Turystyczne
(Bergführung, Ferienwohnung),
ul. Żymierskiego 53, Tel. (075)
54771, Fax (075) 54696

PODGÓRZYN (GIERSDORF)

*Fremdenverkehrsamt: Centrum
Informacji Turystycznej*, ul.
Żołnierska 14, Tel. (075) 53336

SZKLARSKA PORĘBA
(SCHREIBERHAU)

*Fremdenverkehrsamt: Miejskie Biuro
Informacji Turystycznej*,
ul. Jedności Narodowej 3,
Tel./Fax (075) 172494
AL-MAR, s.c. Alicja Januszka,
ul. Jedności Narodowej 6,
Tel. (075) 172123, Tel./Fax (075)
173323 (auch sonntags geöffnet)
Karkonosze, ul. 1 Maja 1,
Tel. (075) 172393
Laba, ul. Bronka Czecha 17,
Tel. (075) 173351
*Sudety-IT - STATUS, Biuro Turys-
tyczne*, ul. Turystyczna 26,
Tel. 172939, Fax (075) 172838,
Tx 075794

Travel & Info, Box 47,
Tel./Fax (075) 172100
UT »Szrenica it«, ul. Jedności
Narodowej 7, Tel. (075) 172251,
Tel./Fax (075) 173187

Galerien

Kunstgalerie (Galeria Sztuki) »Felix«,
Jelenia Góra, Pl. Ratuszowy 50,
Tel. (075) 26961
Kunstgalerie (Galeria Sztuki),
Jelenia Góra, ul. Bankowa 8,
Tel. (075) 26669

Geld/Geldumtausch

Die polnische Währung ist der Złoty
(zł). Der Złoty hat 100 Groschen
(Groszy). DM kann unbeschränkt
bei Banken und Wechselstuben in
Złotys umgetauscht werden. Bis zum
31. Dezember 1996 gelten alte und
neue Złotys. Die neuen Złotys haben
vier Nullen weniger als die alten.
Euroschecks werden zu international
üblichen Bedingungen akzeptiert,
ebenso Kreditkarten von Carte Blan-
che, Diners Club, Eurocard, American Express, Visa, Master Charge
und Acces. Polnische Währung darf
ein- und ausgeführt werden. Deutsche Währung darf man in jeder beliebigen Menge mitbringen.
Am einfachsten wechselt man an der
Grenze, allerdings sind dort die Kurse am ungünstigsten. Besser ist es, in
einer Bank oder in einer Geldwech-
selstube (KANTOR) Geld umzutau-
schen. Den besten Umtausch jedoch
erreichen wir in einer Bank, wenn
wir eine Einfuhr-Erklärung vorzei-
gen können. Schwarzumtausch lohnt
sich nicht. Vorsicht: Sie könnten
auch falsches Geld erhalten!

Hotels, Pensionen und Camping

58-564 BOROWICE
(BABERHÄUSER)

Hotel mit besserem Standard

Hottur, Tel./Fax (075) 619515
(90 Betten) (Campinghäuser,
Restaurant, Café)

Andere Hotels

Łokietek, Nr. 4, Tel. (075) 610384
(90 Betten), auch Camping
Karkonosz, Nr. 39/41, Tel. (075)
610223 (90 Betten)

Bauernhof-Urlaub

Zentral-Buchung bei ECEAT-Poland,
Głębock 24, 58-535 Miłków

58-500 JELENIA GÓRA
(HIRSCHBERG)

Hotels mit hohem Standard

Baron, ul. Grodzka 4,
Tel. (075) 23351, 25391
ORBIS »Jelenia Góra« ****,
ul. Sudecka 63, Tel. (075) 646481
bis 89, Fax (075) 26269,
Tx 755344 (188 Betten)
Cieplice ***, Jelenia Góra-Cieplice,
ul. Cervi 11, Tel. 51041,
Fax (075) 51341 (140 Betten)

Andere Hotels:

Europa**, ul. 1-go Maja 16/18,
Tel. (075) 647231,
Fax (075) 24495 (159 Betten)
Kolejowy, ul. Krakowska 20,
Tel. (075) 29300
Olimp-Sigon, ul. Zamoyskiego 3,
Tel. (075) 50222
Park, ul. Sudecka 42,
Tel. (075) 26942
Pod Różami, Pl. Piastowski 26

(Jelenia Góra-Cieplice),
Tel. (075) 51453

Pensionen

Cieplicka Harenda (Jelenia Góra-
Cieplice), ul. Francuska 2a,
Tel. (075) 52030
Venus, Jelenia Góra-Cieplice,
ul. Cervi 19, Tel. (075) 52096

Camping

Park, ul. Kowarska 42, Tel. 26942
Słoneczna Polana, Jelenia Góra-
Cieplice, ul. Rataja 9, Tel. 52566

58-540 KARPACZ (KRUMMHÜBEL)

Hotels

Orbis-Skalny ****, ul. Obrońców 3,
Tel. (075) 619721, Fax 619103,
Tx 075506 (196 Betten)
Agat, ul. Kościelna 6a,
Tel. (075) 619766 (26 Betten)
Aśka, ul. Kościuszki 17,
Tel. (075) 619128 (17 Betten)
Ariston, Piastowska 7a,
Tel. (075) 619512 (24 Betten)
Celina, ul. Kościelna 9,
Tel. (075) 619455 (26 Betten)
Corum, ul. Kościuszki 12/14,
Tel. (075) 618533,
Tel. (075) 618534 (44 Betten)
Daniel, ul. Dzika 1,
Tel. (075) 619762 (48 Betten)
Elżbieta, ul. A. Grottgera 11,
Tel. (075) 619506 (27 Betten)
Emilia, ul. Armii Krajowej 7b,
Tel. (075) 619700 (22 Betten)
Famago, ul. Tetmajera 1,
Tel. (075) 619142 (42 Betten)
Jagoda, ul. Nadrzeczna 1,
Tel. (075) 619329 (47 Betten)
Jaskier, ul. Kościelna 8,
Tel. (075) 619218 (26 Betten)

HINWEISE FÜR TOURISTEN

Julia, ul. T. Kościuszki 16,
   Tel. (075) 619540 (25 Betten)
Karpacz, ul. Konstytucji 3 Maja 11,
   Tel. (075) 619728 (36 Betten)
Karolinka, ul. Linowa 3 b,
   Tel. (075) 619866 (100 Betten)
Kasia, ul. Świerkowa 2,
   Tel. (075) 619362 (17 Betten)
Konradówka, ul. Nad Łomnicą 20 b,
   Tel./Fax (075) 619872
   (100 Betten)
Na Stoku, ul. Buczka 4,
   Tel. (075) 619821 (25 Betten)
Negrita, ul. Nad Łomnicą 21 b,
   Tel. (075) 619791
Panorama, ul. Pusta 6,
   Tel. (075) 619769
Paradise, ul. Strażacka 5,
   Tel./Fax (075) 619778 (27 Betten)
Piecuch, ul. Strażacka 3,
   Tel. (075) 619327 (100 Betten)
Pod Skocznią, ul. Świerkowa 7,
   Tel. (075) 619159 (27 Betten)
Poręba, ul. Skalna 5,
   Tel. (075) 619440 (16 Betten)
Rezydencja, ul. Parkowa 6
Sadyba, ul. Karkonoska 18,
   Tel./Fax (075) 619114 (60 Betten)
Sasanka, ul. Konstytucji 3-go Maja
   16 c, Tel. (075) 619894
   (13 Betten)
Skarbnik, ul. Kolejowa 13,
   Tel./Fax 19586 (65 Betten)
Villa Rose, ul. Okrzei 8,
   Tel. (075) 619550 (10 Betten)
Wanda, ul. Żeromskiego 4,
   Tel. (075) 619746 (30 Betten)
Willa Przemysław, ul. Myśliwska 19a,
   Tel. (075) 619489 (15 Betten)
Wrzos, ul. Kamienna 3 b,
   Tel. (075) 619146 (30 Betten)
Bacówki-Wilcza, ul. Obrońców 6,
   Tel. (075) 619764 *(Ferienhäuser)*

Berghütten (Bauden)

Dom Śląski (Schlesierhaus), ul. Na
   Śnieżkę 17, Tel. (075) 619275
Nad Łomniczką (Melzergrundbaude)
   Tel. (075) 619353 (nur Bar)
*Na Śnieżce (Herberge auf der
   Schneekoppe),* ul. Na Śnieżkę 17,
   Tel. 26851 (12 Betten)
*Samotnia im. Waldemara Siemaszki
   (Kleine Teichbaude),* ul. Na
   Śnieżkę 18, Tel. (075) 619376
   (die schönste Berghütte im
   Riesengebirge, 55 Betten)
Strzecha Akademicka (Hampelbaude),
   ul. Na Śnieżkę 19,
   Tel. (075) 619317 (125 Betten)

Camping

Pod Brzozani, ul. Obrońców 3
   (Wolfshau), Tel. (075) 619789
Pod Lipami, ul. Konstytucji 3 Maja 8,
   Tel. (075) 619316;
Camping, ul. Partyzantów
Camping, ul. Karkonoska

58-530 KOWARY
(SCHMIEDEBERG)

Hotels

Przywodzie, ul. Karkonoska 14,
   Tel. (075) 182328 (auch Camping)
Kuźnica, ul. Leśna 1, Tel. (075)
   182051 (auch Restaurant)
Harnaś, ul. Jagiellońska 1,
   Tel. (075) 182426

Jugendherbergen

*PTTK »Na Przełęczy Okraj«
   (Grenzbauden),* Tel. (075) 182001
   (Übernachtung, Bar)
Nad Jedlicą, ul. Pogdórze 26,
   Tel. (075) 182469

Camping
ul. Karkonoska 14, Tel. (075) 182328

58-538 MIŁKÓW (ARNSDORF)

Hotel Pałac, Haus Nr. 22, ul. 218,
Tel./Fax 610210, 610317, auch
Restaurant (34 Betten)

Andere Übernachtungsmöglichkeiten
Watra, Haus Nr. 210,
Tel./Fax 610210 (40 Betten)
Zimmer, Haus Nr. 22,
Tel. (075) 610082 (13 Betten)

58-562 PODGÓRZYN
(GIERSDORF)

Hotels mit niedrigem Standard
Karolinka, ul. Żołnierska 69,
Tel. (075) 53234 (60 Betten)
Cichy Potok, ul. Żołnierska 60,
Tel. (075) 53769 (40 Betten)

58-573 PIECHOWICE
(PETERSDORF)

Apartment (Ferienwohnung I. Klasse)
Rübezahl, ul. Żymierskiego 55A/24,
Buchung: Tel. (075) 54771,
Fax (075) 54696 (max. vier
Erwachsene und zwei Kinder)

Hotels mit hohem Standard
Las, ul. Turystyczna 8,
Tel. (075) 172955, Tel./Fax (075)
172911 (150 Betten)
Polonia, ul. Mickiewicza 9,
Tel. (075) 53708 (ca. 50 Betten)

Hotels mit niedrigem Standard

Borowik, Piechowice-Jagniątków,
ul. Sportowa 5, Tel. (075) 53673
Krokus, Piechowice-Jagniątków,
ul. Michałowicka 13,
Tel. (075) 53113

Lumel, Piechowice-Jagniątków, ul.
Michałowicka 8, Tel. (075) 54486
Rawar, Piechowice-Jagniątków,
ul. Drzymały 10, Tel. (075) 53552
Relax, Piechowice-Jagniątków, ul.
Michałowicka, Tel. (075) 53050
ZETO, Piechowice-Jagniątków, ul.
Myśliwska 13, Tel. (075) 53371
Kora, Piechowice-Michałowice,
ul. Sudecka 3, Tel. (075) 53600
Swojec, Piechowice-Michałowice,
ul. Kolonijna 22, Tel. (075) 53528
Koziołki, Piechowice-Michałowice,
ul. Śnieżna 13, Tel. (075) 53228

Pensionen

Grzybowiec, Piechowice, Góra
Grzybowiec, Tel. (075) 53781
(auch Restaurant)
ADA, ul. Piastów 44, Tel. (075) 53518

Berghütte

Kochanówka (Kochelfallbaude),
Tel. (075) 172400

Jugendherberge

PTSM »Złoty Widok«, Piechowice-
Michałowice, ul. Kolonijna 14,
Tel. (075) 53344

Camping
ul. Żeromskiego 119

Urlaub auf dem Bauernhof

EKO-Turystyka, Janusz Stachowski,
ul. Wczasowa 4

56-562 PODGÓRZYN
(GIERSDORF)

Ehemalige Betriebsferienheime

Karolinka, ul. Żołnierska 69,
Tel. (075) 53234 (60 Betten)
Cichy Potok, Żołnierska 60,
Tel. (075) 53769 (40 Betten)

HINWEISE FÜR TOURISTEN

58-563 PRZESIEKA (HAIN)

Hotels

Łucznik, ul. Dolina Czerwienia 14,
Tel. 53583 (138 Betten)
Zorza, ul. Turystyczna 5, Tel. 53285
(48 Betten)

Berghütte

Odrodzenie (Jugendkammhaus),
ul. Karkonoska 2, Tel. (075) 22546
(85 Betten)

Urlaub auf dem Bauernhof

Jolanta Kulaszko, ul. Bukowy Gaj 6,
Tel. (075) 53480 (3 Betten)
Władysław Kurowski, ul. Brzozowe
Wzgórze 8 (16 Betten)

58-564 SOSNÓWKA (SEIDORF)

Hotels

Krasnoludki, Haus Nr. 176,
Tel. (075) 610643
Śnieżna Kopa, Haus Nr. 296,
Tel. (075) 610241

*Hotels mit mittlerem Standard
(ehemalige Betriebshäuser)*

Lubuszanin, Haus Nr. 220,
Tel. (075) 610405 (70 Betten),
auch Café
Sosna, Haus Nr. 220, Tel. (075)
610234 (130 Betten), auch Café
Skorpion, Tel. (075) 610248
(60 Betten), auch Café, Disco

58-580 SZKLARSKA PORĘBA
(SCHREIBERHAU)

Hotels

Olimp, 1 Maja 62,
Tel. (075) 172342, 172396,
Fax (075) 172026 (100 Betten)
Przy Drodze, ul. Jeleniogórska 9a,
Tel. (075) 173415, 173414
(30 Betten)

Raad, ul. Kołłątaja 1, Tel. (075)
173572, Tel./Fax (075) 173771
Sudety***, ul. Krasickiego 10, Tel.
(075) 172736, 172564, 172341,
Fax (075) 172225, Tx 075785
(126 Betten, Restaurant mit
Tanzabend, ab 20 Uhr)
Waldi, Turystyczna 24a, Tel. (075)
172008 (22 Betten)
Złota Jama, ul. 1 Maja 16,
Tel. (075) 172709 (30 Betten)

Motel

Gospoda Graniczna, Jakuszyce,
Tel. (075) 172403 (11 Betten)

Pensionen

Agro, ul. Broniewskiego 18,
Tel. (075) 172879 (20 Betten)
Alfa, ul. Turystyczna 28a,
Tel. (075) 172526 (22 Betten)
Ametyst, ul. Broniewskiego 14,
Tel. (075) 172801 (37 Betten)
Bełchatów, ul. Kilińskiego 4,
Tel. (075) 172260,
Fax (075) 173060 (45 Betten)
Danuta, ul. Narciarska 2,
Tel. (075) 172852 (12 Betten)
Eden, ul. Okrzei 13,
Tel. (075) 172181 (20 Betten)
Gawra, ul. Turystyczna 24c,
Tel. (075) 172472 (18 Betten)
Gracja, ul. Broniewskiego 6,
Tel. (075) 172472 (18 Betten)
Hektor, ul. Broniewskiego 10,
Tel. (075) 172855 (24 Betten)
Jowisz, ul. Franciszkańska 17,
Tel. (075) 173151 (20 Betten)
Krystyna, ul. Demokratów 4,
Tel. (075) 172808 (14 Betten)
Lena, ul. Odrodzenia 6,
Tel. (075) 172970 (16 Betten)
Magdalena, ul. Oficerska 2,
Tel. (075) 172788 (20 Betten)

Milutka, ul. Odrodzenia 35,
Tel. (075) 172170 (25 Betten)
Monte Rosa, ul. Okrzei 15,
Tel. (075) 173195 (15 Betten)
Roma, ul. Turystyczna 24a,
Tel. (075) 172445 (23 Betten)
Victoria, ul. Broniewskiego 11,
Tel. (075) 173173 (24 Betten)
Weneda, Wzgórze Paderewskiego 12,
Tel. (075) 172957,
Fax (075) 173043 (20 Betten)

Berghütten PTTK

*Pod Łabskim Szczytem
(Alte Schlesische Baude)*,
Tel. (075) 172450
*Na Hali Szrenickiej (Neue Schlesische
Baude)*, Tel. (075) 172421
*Szrenica (auf dem Berg Reifträger,
1375 m hoch gelegen)*,
Tel. (075) 172119 (60 Betten)

Camping

ul. Demokratów 3, Tel. (075) 173125

Zeltplätze

Pod Ponurą Małpą, Jeleniogórska,
Tel. (075) 173287
Pod Mostem, ul. Gimnazjalna 5
Południowy Stok, ul. Batalionów
Chłopskich 12
Czerwoniak, ul. Kasprowicza,
Tel. (075) 172129

58-562 ZACHEŁMIE (SAALBERG)

Pension

Sarnak, Nr. 43, Tel. (075) 53581
(23 Betten)

Institutionen, Ämter

Woiwodschaftsamt, 58-500 Jelenia
Góra, Pl. Ratuszowy 58,
Tel. (075) 26001, Fax (075) 22209

Zuständiges Amt für Tourismus,
Jelenia Góra, ul. Matejki 17, Tel.
(075) 25450, Fax (075) 25550

STADTVERWALTUNGEN
(URZĄD MIASTA)

58-500 Jelenia Góra, ul. Sudecka 29,
Tel. (075) 26011, Fax (075)
26704; Kanzlei des Oberbürger-
meisters: Tel. (075) 24891, 24794
58-540 Karpacz, ul. Konstytucji 3
Maja 54, Tel. (075) 619201
58-530 Kowary, ul. 1 Maja 1,
Tel. (075) 182416
58-573 Piechowice, ul. Żymierskiego 49, Tel. (075) 53056,
Fax (075) 53609
58-580 Szklarska Poręba, ul. Buczka 2,
Tel. (075) 172055, 172056

Euroregion »Neise«, 58-500 Jelenia
Góra, ul. Wolności 2,
Tel. (075) 22045
(Dreiländereck Deutschland –
Polen – Tschechien)

Kirche Wang

Besichtigungszeiten: täglich von 9 bis
17 Uhr, in der Sommersaison bis 18
Uhr. Gottesdienst an Sonn- und Feiertagen um 10 Uhr; auf deutsch nur
im Sommer um 9 Uhr (Adresse: Parafia Ewangelicka Wang, 58-550 Karpacz, ul. Śnieżki 8, Tel./Fax 075/
619228)

Konsulate

*Generalkonsulat der Bundesrepublik
Deutschland in Krakau:*
ul. Stolarska 7, 31-043 Kraków
(Krakau), Tel. (012) 218473
*Generalkonsulat der Bundesrepublik
Deutschland in Breslau:* 50-449
Wrocław (Breslau), ul. Podwale 76,
Tel./Fax (071) 442006, 442604

HINWEISE FÜR TOURISTEN   **203**

Vizekonsulat der Bundesrepublik
Deutschland in Oppeln:
45-984 Opole (Oppeln),
ul. Strzelców Bytomskich 11,
Tel. (077) 32184

Krankenversicherung

Es empfiehlt sich, für eine Reise
nach Polen eine private Auslands-
Krankenversicherung abzuschließen.
Deutsche Krankenscheine werden in
Polen nicht anerkannt. Der Zustand
der vielen, oft älteren staatlichen
Krankenhäuser ist häufig nicht zufriedenstellend, deswegen empfehlen
wir private Polikliniken und Arztpra-
xen. Jeder Tageszeitung sind Informationen über Krankenhäuser und
Notarztstellen zu entnehmen, die
rund um die Uhr zu erreichen sind.

Kuren in Jelenia Góra-Cieplice
(Bad Warmbrunn)

(Anwendung: siehe Seite 63)
Anmeldung: Zakład Obsługi Kurac-
jusza, »Uzdrowisko Cieplickie«,
58-560 Jelenia Góra-Cieplice, ul.
Cieplicka 7, Tel. (075) 51003–05,
Fax (075) 52557

Ladenschlußzeiten/Amtsstunden

Lebensmittelgeschäfte: 7 bis 18 Uhr
(manche bis 19 oder 20 Uhr), auch
samstags und sonntags durchgehend
geöffnet (in Polen gibt es im Prinzip
keinen Ladenschluß); Geschäfte mit
Industriewaren: 10 bis 18 Uhr; Banken: 8 bis 12 Uhr und z. T. auch 13 bis
17 Uhr; Ämter: 8 bis 15 Uhr; Haupt-
postämter: 8 bis 20 Uhr, sonn- und
feiertags geschlossen.

Langlaufwettbewerb »Bieg Pias-
tów« in Jakuszyce (Jakobstal)

Jedes Jahr findet am dritten Samstag
im Januar ein internationaler Langlaufwettbewerb statt; Streckenlänge
25 und 50 km. Anmeldung und Infor-
mation: Komitet Organizacyjny (Or-
ganisationskomitee) »Biegu Piastów
i Medyków«, ul. Jedności Narodowej
13, 58-580 Szklarska Poręba, Tel./
Fax (075) 173338

Museen

59-700 Bolesławiec (Bunzlau), Kera-
  mikmuseum, ul. Mickiewicza 13
59-420 Bolków (Bolkenhain),
  Muzeum Śląskie Zamek (Burg)
Kamienn Góra, Webereimuseum,
  Pl. Wolności 11
58-500 Karpacz, Heimatmuseum
  (Muzeum Sportu i Turystyki), ul.
  Kopernika 2, Tel. (075) 619652
58-500 Jelenia Góra, Heimatmuseum
  (Muzeum Okręgowe) ul. Matejki
  28, Tel. (075) 23465
58-500 Jelenia Góra-Cieplice, Naturkundemuseum (Muzeum Przyrodnicze) ul. Wolności 268,
  Tel. (075) 51506
58-500 Jelenia Góra-Sobieszów,
  Museum des Riesengebirgsnatio-
  nalparks, ul. Chałubińskiego 23,
  Tel. (075) 53348 und 53726
58-580 Szklarska Poręba (Schreiber-
  hau), Museum für Energie-
  gewinnung, ul. Jagiellońska 2,
  Tel. (075) 172121
58-580 Szklarska Poręba (Schreiber-
  hau), Museum für Gerhart und
  Carl Hauptmann, ul. 11 Listopada
  23, Tel. (075) 172611

Nationalpark des Riesengebirges (Karkonoski Park Narodowy)

Hauptsitz in Jelenia Góra-Sobieszów (Hermsdorf bei Kynast), ul. Chałubińskiego 23, Tel. (075) 53348, Tel./Fax (075) 53726

Notruf (landesweit)

Erste Hilfe: 999
Feuerwehr: 900 (landesweit) und (075) 647470
Pannenhilfe: 981
Polizei: 997 (landesweit) und (075) 647400

Parken

Möglichst nur auf bewachten Parkplätzen.

Postgebühren (Stand: April 1996)

Innerhalb Polens: Postkarte 0,40 zł, Brief 0,55 zł; nach Deutschland und in andere europäische Länder: Postkarte 0,70 zł, Brief 1,00 zł (Laufzeit ca. eine Woche). Für Orts- und Ferngespräche kann man Telefonkarten im Wert von 4,28 und 8,56 zł sowie von 17,12 zł kaufen. Grün lackierte Postkästen sind für die Ortspost, rot lackierte für die Fernpost bestimmt.

Reiseauskünfte

EURO-TOUR-Zentrum, Obermarkt 36, 02826 Görlitz, Tel. (03581) 406999, Fax (03581) 405249
LAUMANN-REISEN, Alter Gartenweg 14, Postfach 1461, 48235 Dülmen, Tel. (02594) 9434-0, Fax (02594) 2998
Polnisches Informationszentrum für Touristik, Waidmarkt 24, 50676 Köln, Tel. (0221) 230545, Fax (0221) 238990

Polorbis Reiseunternehmen, Hauptbüro: Hohenzollernring 99-101, 5000 Köln 1, Tel. (0221) 520025; *Zweigstellen:* Ernst-Merck-Straße 12/14, 20099 Hamburg, Tel. (040) 324210, Fax (040) 324210; Rotebühlstraße 51, 70178 Stuttgart, Tel. (0711) 612420, Fax (0711) 612106

Reiseformalitäten

Für die Reise in die Republik Polen (Rzeczpospolita Polska) benötigen Sie einen gültigen Paß. Pkw-Fahrzeugführer sollten eine grüne Versicherungskarte und müssen den Führerschein und Kraftfahrzeugschein bei sich haben.

Reiten

Im Schloß in Miłków (Arnsdorf, ca. 15 km von Hirschberg entfernt) findet man Unterkunft und Reitmöglichkeiten; Anschrift: Hotel »Pałac«, 58-536 Miłków, ul. Wiejska 218, Tel./Fax (075) 610210 und Tel. (075) 610317
In Schreiberhau bei »Bata«, ul. Wolności 19, Tel. (075) 173234, und bei der Familie Wasyluk, ul. Matejki 2, Tel. (075) 173276
Gestüt in Wałbrzych (Waldenburg), ca. 65 km von Hirschberg entfernt, ul. Piastów Śląskich 4, 58-306 Wałbrzych, Tel. (074) 432618

Restaurants

Viele Restaurants bieten polnische Spezialitäten an. Fast jedes größere Hotel verfügt über ein Restaurant, in dem polnische und internationale Spezialitäten angeboten werden. Die Restaurants sind meist von 11 (auch

HINWEISE FÜR TOURISTEN **205**

ab 10 Uhr) bis 23 oder 24 Uhr durchgehend geöffnet. In allen von uns aufgelisteten Hotels finden Sie auch Restaurants, die dem Hotelstandard entsprechen.
Darüber hinaus sind folgende Restaurants empfehlenswert:

58-500 JELENIA GÓRA
(HIRSCHBERG)

Europa im Hotel »Europa«,
ul. 1 Maja 16/18, Tel. (075)
21325 (auch Tanzabend)
Karczma Grodzka, ul. Grodzka 5,
Tel. (075) 25391
Nefryt im Hotel »Jelenia Góra«,
ul. Sudecka 63, Tel. (075) 646481
(100 Plätze, schlesische Küche –
Lendenstück »Gwarek«, Schweinsbraten nach Sztygar-Art, Eisbein
in Biersoße, Rindsroulade,
Schlesische Sauermehlsuppe)
Joland, ul. Krótka 23/24 (30 Plätze)
Pokusa, Pl. Ratuszowy 12, Tel. (075)
25347 (40 Plätze) (altpolnische
und internationale Küche)
Pokusa, (Jelenia Góra-Sobieszów),
ul. Cieplicka 194, Tel. (075)
53748 (50 Plätze) (altpolnische
und internationale Küche)
Retro, Pl. Ratuszowy 13/14,
Tel. (075) 24894 (46 Plätze)
(altpolnische und internationale
Küche)
Smok, Pl. Ratuszowy 15, Tel./Fax
(075) 25928 (50 Plätze, internationale und polnische Küche)
Stary Młyn, ul. Mieszka 1
Tokaj, ul. Pocztowa 6, Tel. (075)
24479 (90 Plätze, ungarische und
altpolnische Küche)
Szałas Muflon (Folkloreabend, sehr
empfehlenswert), Komarno 145,

58-514 Jelenia Góra,
Tel./Fax (075) 21777 (Essen,
Trinken, Musik; bitte Voranmeldung! Auch im Winter möglich
mit Schlittenfahrt – sehr empfehlenswert!)

Cafés

Morion im Hotel »Jelenia Góra«,
ul. Sudecka 63, Tel. (075) 646481
(verschiedene Eissorten, Kuchen
aus eigenem Hause)
Śnieżynka, Pl. Ratuszowy 8
Hortex, Pl. Ratuszowy 46

58-540 KARPACZ (KRUMMHÜBEL)

Astra, ul. Obrońców Pokoju 1,
Tel. (075) 619314
Bacówki, ul. Obrońców Pokoju 6,
Tel. (075) 619764
Bankowa, ul. Konstytucji 3 Maja 60,
Tel. (075) 619681
Country Club, ul. Obrońców Pokoju
6, Tel. (075) 619764
Karpacz, ul. Konstytucji 3 Maja 11,
Tel. (075) 619728
Mieszko, ul. Mickiewicza 2, Tel.
(075) 619592 (auch Tanzabend)
Paradise, ul. Strażacka 5,
Tel. (075) 619778
Patria, ul. Sowackiego 2, Tel. (075)
619428 (auch Tanzabend)
Pizza Italia, ul. Konstytucji 3 Maja
336
Romantica, ul. Konstytucji 3 Maja
52, Tel (075) 619344
Skalny, ul. Obrońców 3,
Tel. (075) 619721
U Ducha Gór, ul. Olimpijska 5,
Tel. (075) 619503 (Holzausstattung, gutes Essen und nach
Bestellung auch Musik – sehr
empfehlenswert)

Cafés

Astra, ul. Obrońców 1,
Tel. (075) 619314
Grizzly, ul. Konstytucji 3 Maja 60
Isma, ul. Szkolna 2
Krasnoludek, ul. Konstytucji 3 Maja
57 (Konditorei)
Krystyna, ul. Karkonoska 126
(auch Diskothek)
Mieszko, ul. Konstytucji 3 Maja 58,
Tel. (075) 619491
(auch Tanzabend)
Paradise, ul. Strażacka 5,
Tel. (075) 619778
Piast, ul. Konstytucji 3 Maja 22
Rübezahl, ul. Konstytucji 3 Maja 73
Śnieżka, ul. Konstytucji 3 Maja 35,
Tel. (075) 619744
(auch Diskothek)
Spokojna, ul. Konstytucji 3 Maja
336
Syrena, ul. Karkonoska 51
U Ducha Gór, ul. Olimpijska 5,
Tel. (075) 619503
U Elżbiety, ul. Konstytucji 3 Maja 51
U Jana, ul. Sarnia 21
U Maxima, ul. Karkonoska 26
Wang, ul. Śnieżki 3

58-530 KOWARY
(SCHMIEDEBERG)

Egzotyczna, ul. Szkolna 2
Harnaś, Jagiellońska 1
Jędrek, ul. Dworcowa 9
Hawana, ul. 1 Maja 2
Kuźnica, ul. Leśna 1 a, Tel. (075)
182051
Przywodzie, ul. Karkonoska 14
Pizzeria »Przy Fontannie«, ul. 1 Maja

Cafés

Przedwiośnie, ul. Górnicza 22
Urszulka, ul. Pocztowa 12

58-535 MIŁKÓW (ARNSDORF)

Spiż, Tel. (075) 610210

58-573 PIECHOWICE
(PETERSDORF)

Polonia, ul. Mickiewicza 9,
Tel. (075) 53708 (altpolnische
und schlesische Küche)

58-562 PODGÓRZYN
(GIERSDORF)

*Nad Stawami (Teichschenke)
(Fischgerichte),* ul. Żołnierska 2,
Tel. (075) 53336

58-563 PRZESIEKA (HAIN)

Stokrotka, Tel. (075) 53553

58-564 SOSNÓWKA

Krasnoludki, Nr. 176,
Tel. (075) 610643

58-580 SZKLARSKA PORĘBA
(SCHREIBERHAU)

Gospoda Graniczna, Jakuszyce
(Schlesische Spezialitäten),
Tel. (075) 172403 (40 Plätze)
Jelonek, ul. Piastowska 24,
Tel. (075) 172627
Julia, ul. Sikorskiego 54 A
Polonia, ul. Jedności Narodowej 5,
Tel. (075) 172259
Roma, Turystyczna 23,
Tel. (075) 172586
Śnieżka, ul. Demokratów 34,
Tel. (075) 1727617
Sudety, Krasickiego 10,
Tel. (075) 172736 (88 Plätze)
U Szczepana, ul. Jedności Narodowej 21, Tel. (075) 173544
Weneza, Turystyczna 17 A,
Tel. (075) 172580

Złota Jama, ul. 1 Maja 16,
Tel. (075) 172709 (90 Plätze)
Złota Jamka, ul. 1 Maja 16 a,
Tel. (075) 173459

Cafés
Delicja, ul. Jedności Narodowej 14,
Tel. (075) 172907
Kaprys, ul. Jedności Narodowej 12,
Tel. (075) 172614
Sasanka, Słowackiego,
Tel. (075) 173477

Rundflüge und Segelfliegen
Hirschberger Flugklub »Areoklub
Jeleniogórski«, ul. Łomnicka,
Jelenia Góra, Tel. (075) 26020,
Fax (075) 24915

Schwimmbäder
Freischwimmbäder befinden sich in
Karpacz, Jelenia Góra (an der ul.
Sudecka), in Jelenia Góra-Sobieszów,
in Miłków, Sosnówka; Schwimmbäder in den Hotels »Jelenia Góra«
und »Skalny«.

Ski-Verleih
Sport-Service, Szklarska Poręba
(Schreiberhau), ul. Jedności Naro-
dowej 2, Tel./Fax (075) 172041
Sport Park, Szklarska Poręba
(Schreiberhau), ul. Okrzei 21,
Tel. (075) 172841
Szrenica, Szklarska Poręba
(Schreiberhau), ul. Turystyczna 30

**Souvenirläden, Läden für
Volkskunst, Antiquitätenläden**

*Souvenirs und Volkskunst von
»Cepelia«:*
- 58-540 Karpacz, ul. Konstytucji 3
  maja 32

- 58-580 Szklarska Poręba,
  ul. Krasińskiego 1
*Erzeugnisse aus Naturleinen der
Firma Orzeł*
- ul. Daszyńskiego 16, 58-533
  Mysłakowice (Zillertal-Erdmanns-
  dorf), Tel. (075) 131491, Fax
  (075) 131487; Damastweberei,
  gegründet 1844, Verkauf im
  Gebäude; Besichtigung möglich,
  bitte rechtzeitig anmelden.
*Kristall und künstlerisch wertvolles
Glas:* Kristall aus der berühmten
Hütte in Piechowice, zu kaufen
u. a. in der Huta Szkła
Kryształowego »Julia«,
ul. Żymierskiego 73, 58-573
Piechowice, Tel. (075) 53001
JUNA MINERALIS (Mineralien),
ul. 1 Maja 70, Szklarska Poręba
(Schreiberhau)
*Große Auswahl von CDs im Laden
WAM,* ul. Krótka 21, 58-500
Jelenia Góra, Tel. (075) 646315

MARKTPLÄTZE IN JELENIA GÓRA
(HIRSCHBERG)

Der Markt an der ul. 1 Maja befindet
sich fast im Zentrum der Stadt, in der
Fußgängerzone vom Ring in Richtung Bahnhof (ca. 10 Minuten zu
Fuß vom Ring). Er findet montags,
mittwochs und freitags statt. Hier
treffen sich vor allem Käufer und Verkäufer (auch Schmuggler!) aus ganz
Polen und zum Teil aus Osteuropa.
Hier kann man alles kaufen und verkaufen (auch Obst und Gemüse).
Achten Sie auf Ihre Taschen!
Der »Manhattan«-Markt liegt an der
ul. Podwale rechts von den Taxistän-
den (gegenüber einem großen Parkplatz am Ring). Hier kann man buch-

stäblich alles kaufen und verkaufen und trifft vor allem auf polnische Anbieter und Verkäufer. (Zufahrt: Busse Nr. 7 oder 9 zur ul. Podwale.)

Speisen und Getränke

In Polen sind die Restaurants mittags durchgehend geöffnet. Ein typisches Mittagessen besteht aus Suppe (sehr wichtig in Polen), Hauptgericht und Nachtisch.

Vorspeisen (»Zakąska«)

»Tatar«; Hering in Öl, Sahne, Mayonnaise mit Zwiebeln; Sülze aus Schweinshaxen (»Nóżki«); Karpfen und Hecht in Gelee; geräucherter Aal.

SUPPEN

Rote-Rüben-Suppe (»Barszcz«); Rote-Rüben-Suppe mit »Uszka« (eine Art Tortellini mit Fleisch- und Pilzfüllung) – ein traditionelles Heiligabendgericht; Rote-Rüben-Suppe »Botwinka« – ein »Barszcz« aus jungen roten Rüben mit Sahne; saure Mehlsuppe (Żurek), sie wird aus gesäuertem Roggenmehl bereitet – diese Suppe wird oft mit einer Weißwurst (»Biała kiełbasa«) oder gekochtem Ei serviert; eine besonders köstliche Suppe ist »Chłodnik«, zubereitet mit »Botwinka«, saurer Milch, Sauerrahm und zahlreichen frischen Gemüsen; Gurkensuppe (»Ogórkowa«) aus sauren Gurken; »Kapuśniak« aus Sauerkraut; Kutteln nach polnischer Art (»Flaki po polsku«); Sauerampfersuppe mit gekochtem Ei (»Szczawiowa«); Pilzsuppe (»Grzybowa«).

Hauptgerichte

werden oft aus Fleisch zubereitet. Gereicht werden: Schweinskotelett (»Kotlet schabowy«), oft mit gedünstetem Kraut – eine typisch polnische Beilage; gebratener Schweinsrücken mit Backpflaumen; Spanferkel, nach polnischer Art gefüllt mit Buchweizengrütze; Eisbein; Rindsrouladen mit Pilzfüllung; Rinderlende à la Radziwiłł; Hähnchen; Ente mit Äpfeln oder mit Moosbeeren; Hasen-, Reh- und Wildschweinbraten; gebratenes Rebhuhn mit einer Füllung oder gebratener Fasan. Eine sehr lange Tradition hat »Bigos«, es besteht aus Weiß- und Sauerkraut mit unterschiedlichen Fleisch- und Wurstsorten. Beliebt sind auch Fischgerichte (Aal, Hecht, Stör, Wels, Zander sowie Karpfen in Gelee, gebraten oder in grauer Soße mit Rosinen und Mandeln).

Regionale Gerichte (Polen)

Piroggen (»Pierogi«, gefüllte Teigtaschen), gefüllt mit Weißkohl, Sauerkraut, Gehacktem, Pilzen, Quark oder Heidelbeeren; Krautrouladen (»Gołąbki«) mit Sahne-Tomaten-Soße; Kartoffelpuffer (»Placki ziemniaczane«) mit Zucker oder Sahne; Kartoffelklöße mit und ohne Fleischfüllung.

Schlesische Spezialitäten siehe Seiten 39/40.

Feingebäck

Hefeaschkuchen, ein Mürbeteigblechkuchen (»Mazurek«), Mohnrollen, Mohnkuchen, Quarkkuchen und Honigkuchen.

HINWEISE FÜR TOURISTEN

Alkoholische Getränke
Eine lange Tradition haben Liköre aus echtem Bienenhonig (»Trójnak«, »Dwójniak«) sowie Bier (»Piast«, »Żywiec«, »Okocim«, »Lech«). Seit dem 17. Jh. wird der polnische Wodka in Massenproduktion hergestellt, hier einige bekannte Marken: »Wyborowa«, »Żytnia«, »Żubrówka« (der mit dem Grashalm), »Starka«, »Kosher«, »Polonez«, »Chopin«.

Tankstellen
Es gibt ausreichend Tankstellen. Bleifreies Benzin heißt »benzyna bezołowiowa«, ist an fast jeder Tankstelle zu bekommen und hat 95 Oktan. Super Plus, »benzyna ołowiowa super«, hat 98 Oktan. Normalbenzin, »benzyna ołowiowa«, hat 94 Oktan. Die Kraftstoffe kosten zwischen 1,50 und 1,80 zł. Diesel heißt »olej napędowy« und kostet etwa 1,20 bis 1,30 zł. Die meisten Tankstellen sind von 7 bis 18 Uhr geöffnet, einige durchgehend Tag und Nacht (z. B. zwei Tankstellen in Hirschberg).

Taxi
Den Preis sollte man vorher aushandeln! Ein wichtiger Tip: Am besten bestellen Sie ein Taxi bei Funktaxen (gutes Preis-Leistungs-Verhältnis): Tel. 919 (landesweit). In der Zeit von 22 bis 6 Uhr wird ein Aufschlag von ca. 50 Prozent erhoben.

Telefonieren
Von jedem Fernsprechautomaten kann man Ferngespräche mit jedem beliebigen Ort in der Welt führen. Viele neue Telefonzellen wurden aufgestellt.

Vorwahl Hirschbergs vom Ausland: 0048-75; Vorwahl Hirschbergs bei Telefonaten innerhalb Polens: 075. Vorwahl von Polen nach Deutschland: 0049.
Verkauf von Telefonkarten und Jetons (für Automaten): Zeitungskioske, Hotelrezeptionen und Fernmelde- und Postämter. Es gibt 25, 50 oder 100 Einheiten für 4,28, 8,56 bzw. 17,12 zł. sowie Jeton A oder C für 0,16 bzw. 1,60 zł. Telefone in Hotels, Restaurants usw. können auf höhere Gesprächsgebühren eingestellt sein.

Theater
C.-K.-Norwid-Theater (Teatr im. Cypriana Kamila Norwida), 58-500 Jelenia Góra, Al. Wojska Polskiego 38, Tel. (075) 23274, Fax (075) 26695; das Theater veranstaltet das Internationale Straßentheater-Festival im Juli/ August in Hirschberg
Teatr Zdrojowy, Jelenia Góra-Cieplice (Bad Warmbrunn)
Philharmonie (Filharmonia), 58-500 Jelenia Góra, ul. Pilsudskiego 60, Tel. (075) 26595, Fax (075) 25284
Nasz Teatr (Unser Theater), Piechowice-Michałowice, ul. Kolonijna 27, Tel. (071) 31097

Toiletten
Toiletten sind meistens mit einem ⚪ (für Damen) bzw. mit einem △ (für Herren), seltener mit »OO« gekennzeichnet. Oft sind sie gebührenpflichtig (etwa 50 gr). Der Zustand der öffentlichen Toiletten ist nicht immer zufriedenstellend, deswegen empfehlen wir WC-Anlagen in Hotels oder Restaurants.

Trinkgeld

Die Kellner erwarten etwa 10 Prozent der Gesamtsumme.

Unfallrettung

Tel. 999 (Notarztwagen heißt POGOTOWIE RATUNKOWE).

Veranstaltungen

Januar: am dritten Samstag Langlaufwettbewerb in Jakuszyce (Jakobstal bei Schreiberhau)

Mai: Kajak-Wettbewerb auf dem Bober

Mai/Juni: Rhododendron-Tage in Świeradów Zdrój (Bad Flinsberg)

Juli: Internationales Straßentheaterfestival in Jelenia Góra (Hirschberg)

August: am 10. des Monats Bergführertag

August: Liederfestival in Szklarska Poręba (Schreiberhau)

September: Antiquitätenmarkt (Jarmark Staroci) in Hirschberg

September: Ritterturnier auf der Burg Kynast (Hermsdorf bei Kynast)

Verkehr

Hauptträger des polnischen Binnenverkehrs sind die Eisenbahn (die Polnischen Staatsbahnen PKP) und der Autobus (vor allem der Staatliche Autobusverkehr PKS). Zug- und Busverbindungen sind gut ausgebaut. Jeder Ort ist entweder mit dem Zug oder Bus gut erreichbar. Busfahrkarten müssen am Schalter in den Abfahrtsorten gelöst werden.

Darüber hinaus verkehren im Hirschberger Tal regionale Busse mit dem Aushängeschild MZK (Verkehrskommunalwerke) in zwei Städten (Hirschberg, Petsdorf) und 16 kleineren Ortschaften (Auskunft: MZK, ul. Wolności 145, Tel. 075/26081, Fax 075/24587) (siehe Karte zum Schluß des Buches). Fahrkarten müssen vorher an allen RUCH-Kiosken gekauft werden. Es ist manchmal möglich, sie beim Bus- oder Straßenbahnfahrer zu erwerben. Die Fahrkarte muß beim Einsteigen entwertet werden. Die Linien sind gewöhnlich mit schwarzen Nummern gekennzeichnet. Weiterhin gibt es ständig verkehrende Eilbusse mit roten Nummern. Man sollte die Aushängeschilder PKS und MZK bei den Bushaltestellen nicht verwechseln!

Verkehrsvorschriften

Entsprechen den international geltenden Regelungen. Höchstgeschwindigkeit: in Ortschaften 60 km/h, auf Landstraßen 90 km/h, auf Schnellstraßen 100 km/h, auf Autobahnen 110 km/h; für Pkw mit Anhänger auf der Autobahn 70 km/h, für Motorräder 90 km/h. Es gibt viele Radarkontrollen! (Besonders häufig werden ausländische Autos angehalten.) Generelle Anschnallpflicht.

Für Kraftfahrer besteht im Prinzip absolutes Alkoholverbot (zulässige Höchstmenge: 0,2 Promille).

Vorsicht bei Bahnübergängen! Hier gibt es öfter beträchtliche Höhenunterschiede, und vor solchen Übergängen steht gelegentlich kein Stoppschild.

Vom 1. November bis zum 1. März ist auch tagsüber mit Abblendlicht zu fahren.

Bei einer Panne: Notdienst der Organisation PZMot (Tel. landesweit 981) oder »Polmozbyt«, Tel. 954.

HINWEISE FÜR TOURISTEN

Bei einem Verkehrsunfall, an dem Ihr Unfallgegner (mit)schuldig ist, lassen Sie den Unfallhergang durch die Polizei und den Ihnen entstandenen Schaden durch die polnische Haftpflichtversicherung feststellen. Es empfiehlt sich ein Auslands-Schutzbrief.

Verlust von Personalunterlagen

Reisepaß: Beim Verlust des Reisepasses stellen die Konsularabteilung der Bundesrepublik Deutschland in Warschau oder das Generalkonsulat in Breslau einen Reiseausweis zur Rückkehr nach Deutschland aus. Vorgelegt werden müssen die Verlustanzeige, bestätigt durch die örtliche Polizei, sowie zwei Paßbilder.

Fahrzeugpapiere: Zur Ausreise genügt die Verlustanzeige, bestätigt durch die örtliche Polizeibehörde. Wir empfehlen allen Reisenden, die Registriernummern der Personalpapiere auf einem gesonderten Blatt zu notieren bzw. entsprechende Fotokopien mitzuführen, damit die neuen Dokumente vereinfacht ausgestellt werden können.

Wichtige Telefonnummern

Auskunft: 911
Auslandsgespräche: 901 (Telefonvermittlung)
Bahnauskunft (PKP): (075) 23936
Busauskunft (PKS): (075) 646936

Busauskunft (regionale Busse, MZK): (075) 26081
Feuerwehr: 998
Flugauskunft: 952, 953
Internationale und nationale Telefonvermittlung: 900
Rettungsstelle: 999
Pannenhilfe: 981
Polizei: 997
Radio-Taxi: 919
Telefonauskunft: 913
Telegramm: 905
Weckdienst: 917
Zeitansage: 926

Zelten

Im Vorland des Riesengebirges gibt es mehrere Zeltplätze, auf polnisch heißen sie *Camping,* in Tschechien *Autokempink.* Zelten außerhalb der Zeltplätze ist untersagt.

Zoll

Mengenbeschränkungen pro Person: 250 Zigaretten, 1 Liter Spirituosen, 2 Liter Wein. Der Zoll prüft Antiquitäten. Eine Rechnung wird verlangt. (Antiquitäten, die älter als der 9. Mai 1945 sind, dürfen nur mit Genehmigung des Kultusministeriums ausgeführt werden; das Erledigen der benötigten Formalitäten dauert im Schnitt ca. 3 Monate.)
Zollinformationen: ul. Cieplicka 128, 58-560 Jelenia Góra, Tel. (075) 53042, Fax (075) 54573

Kleines Wörterbuch

Auf Wiedersehen	Do widzenia
Ausgang	Wyjście
Bier	Piwo
Bitte	Proszę
Bitte, setzen Sie sich!	Proszę usiąść!
Damen	Panie
Danke schön	Dziękuje
Drei	Trzy
Du/Sie	Pani/Pan
Eingang	Wejście
Eins	Jeden
Eis	Lody
Entschuldigung	Przepraszam
Fünf	Pięć
Geöffnet (Auf)	Otwarte
Gestern	Wczoraj
Guten Abend	Dobry wieczór
Guten Tag	Dzień dobry
Herren	Panowie
Heute	Dzisiaj
Ich bin	Jestem
Ich bitte um die Rechnung!	Proszę o rachunek!
Ja	Tak
Jetzt	Teraz
Kaffee	Kawa
Kein Problem!	Nie ma problemu
Morgen	Jutro
Nein	Nie
Polizei	Policja
Sie	Oni
Später	Później
Tee	Herbata
Vier	Cztery
Wann?	Kiedy?
Was kostet das?	Ile to kosztuje?
Wasser	Woda
Wir	My
Wo ist ...?	Gdzie jest ...?
Zehn	Dziesięć
Zugesperrt (Zu)	Zamknięte
Zwei	Dwa

Index

polnisch-deutsch und deutsch-polnisch

Benutzte Abkürzungen

D. - Dolina/Tal
G. - Góry/Gebirge
Gm. - Gemeinde
Geb. - Gebirge
Gr. - Groß
prz. - przełęcz/Paß
Schr. - schronisko/Herberge
St. - Sankt

Adersbacher Felsenstadt 176-179
Adlerfelsen 121
Agnetendorf/Piechowice-Jagniątków 130-134
Agnetendorfer Schneegrube/Czarny Kocioł Jagniątkowski 134-135
Alt-Kemnitz/Stara Kamienica 28
Alte Schlesische Baude/Schr. pod Łabskim Szczytem 134
Annakapelle/Kaplica św. Anny 101, 103, 112
Arnsdorf/Miłków 102-103

Baberhäuser/Borowice 113-114
Baberwasser/Kacza 108-109
Biaty Jar/Seiffengrube 94-95
Biberstein/Bobrowe Skały 143
Bismarckhöhe/Grzybowiec 134
Bober/Bóbr 13, 26
Bober-Katzbach-Geb./G. Kaczaw-skie 11
Boberröhrsdorf/Siedlęcin 188, 189
Bobrowe Skały/Bibersteine 13
Bóbr/Bober 13, 26
Bolzenschloß/Zamek Bolczów 77
Borowice/Baberhäuser 113-114
Bratsch/Brocz 130
Breslau/Wrocław 29
Brocz/Bratsch 130

Brunnberg/Studničná hora 168, 169
Brückenberg/Karpacz-Górny 81-84
Buchwald/Bukowiec 72
Budniki/Forstbaude 78, 101
Burgruine Greif/Zamek Gryf 187
Buschvorwerk/Krzaczyna 74

Chełmsko Śląskie/Schömberg 185
Chojnik/Kynast (Burgruine) 128-130
Cieplice-Jelenia Góra/Warmbrunn, Bad 57-65
Ciszyca/Ruhberg, Schloß 75
Cunersdorf/Stadtteil von Hirschberg 41
Czarna Przełęcz/Schwarzer Paß 136
Czarna Kopa/Schwarze Koppe 170
Czarny Grzbiet/Riesenkamm 170
Czarny Kocioł/Agnetendorfer Schneegrube 134-135
Czerwień/Rotes Wasser 110
Czeskie Kamienie/Mannsteine 110, 135, 165
Czoło/Stirnberg 112

D. Jedlicy/Eglitztal 71
D. Łomniczki/Melzergrund 91, 93
Domek Myśliwski 95-96
Drei Ahorne/Trzy Jawory 136, 144
Dreisteine/Pielgrzymy 100, 167
Droga Jubileuszowa/Jubiläumsweg 167
Droga pod Reglami/Leiterweg 144
Droga Przyjaźni/Kammweg 159-171
Dürre Kochel/Niedźwiada 146
Dziwiszów/Berbisdorf 28

Eglitz/Jedlica 71
Eglitztal/D. Jedlicy 71
Eisen-Berge/Rudzianki 123
Elbe/Labe 13, 163
Elbfall 13, 16

Elbquelle/Źródła Łaby 13, 16
Erdmannsdorf/Mystakowice
103-106
Eulengrund/Sowia Dolina 101, 171
Eulenpaß/Przełęcz Sowia 101, 171

Faltisweg/Droga Przyjaźni 159-171
Fahrradtouren 173-176
Fawor/Fauer 182
Felsenstädte 176-182
Fischbach/Karpniki 72
Flinsberg, Bad/Świeradów Zdrój
157
Formsteine/Zakręt Śmierci 158
Forstbaude/Budniki 78, 101
Friedenskirchen 182
Friesensteine/Skalnik 77
Fürstenstein/Zamek Książ 182

G. Izerskie/Isergebirge 11
G. Kaczawskie/Bober-Katzbach-
Gebirge 11
Giersdorf/Podgórzyn 115-117
Görlitz/Zgorzelec 29
Górzyniec (Piechowice)/Hartenberg
142, 143
Grabowiec/Gräber Berg 26, 101, 103
Grenzbauden/Przełęcz Okraj 12, 77,
78
Grodna/Stangenberg 113
Groß-Iser/Hala Izerska 157
Großer Teich/Wlk. Staw 166
Große Sturmhaube/Śmielec 136,
165
Grunau/Jeżów Sudecki 183
Grüssau/Krzeszów 183-185
Grzbiet Kowarski/Schmiedeberger
Kamm 78
Grzbiet Lasocki/Kolbenkamm 11
Grzybowiec/Bismarckhöhe 134

Hain/Przesieka 117-121
Hainfall/Wodospad Podgórnej 120

Hala Izerska/Groß-Iser 157
Hampelbaude/Schr. Strzecha
Akademicka 95
Hartenberg/Górzyniec (Piechowice)
142, 143
Heidelberg/Karpatka 80, 84
Heinrichsburg 113, 122
Helles Wasser/Jeleni Potok 113
Hermsdorf bei Kynast/Jelenia Góra-
Sobieszów 126-128
Heuscheuergebirge (Felsenstadt)
182
Hirschberg/Jelenia Góra 41-57
Hirschberger Tal/Kotlina Jelenio-
górska 11, 13, 41
Hochstein/Wysoki Kamień 148, 157
Hochwiesenberg/Luční hora 168
Hohes Rad/Wlk. Szyszak 136
Höllental/Piekielna Dolina 136
Huta Julia/Josephinenhütte 138,
151
Hüttenwasser/Sopot 130
Hungerstraße 76-77

Ida-Esche/Jesion Idy 113
Isergebirge/G. Izerskie 11

Jagniątków-Piechowice/Agnetendorf
130-133
Jakobstal/Jakuszyce 151
Jannowitz/Janowice Wlk. 77
Jedlica/Eglitz 71
Jelenia Góra/Hirschberg 41-57
Jesion Idy/Ida-Esche 113
Jeżów Sudecki/Grunau 183
Josephinenhütte/Huta Julia 138,
151
Jubiläumsweg/Droga Jubileuszowa
167

Kacza/Baberwasser 108-109
Kaiserwaldau/Piastów 137
Kamienna/Zacken 12, 136

INDEX **215**

Kammweg 159-171
Kaplica św. Anny/Annakapelle 101, 103, 112
Karkonosch/Krkonoš 165
Karpacz/Krummhübel 80-89
Karpacz-Górny/Brückenberg 81-84
Karpatka/Heidelberg 80
Karpniki/Fischbach 72
Kiesewald/Michałowice 144-147
Kleinaupa/Horní-Malá Úpa 171
Kleine Lomnitz/Łomniczka 80, 84
Kleine Sturmhaube/Mały Szyszak 166
Kleiner Teich/Mały Staw 95, 167
Kleine Teichbaude/Schr. Samotnia 97
Kochelfall/Wodospad Szklarki 13, 143, 157
Kochelfallbaude/Kochanówka 157
Kocioł Łomniczki/Melzergrund 91, 93-94
Kolbenkamm/Grzbiet Lasocki 11
Końskie Łby/Pferdekopfsteine 161
Koppenplan/Równia pod Śnieżką 168
Korallensteineweg/Koralowa Ścieżka 193-194
Kostrzyca/Quirl 77
Kotlina Jeleniogórska/Hirschberger Tal 11, 13, 41
Kowary/Schmiedeberg 72-78
Kozí hřbety/Ziegenrücken 165
Kreisau/Krzyżowa 186
Krkonoš/Karkonosch 165
Krucze Skały/Raben-Steine 86
Krummhübel/Karpacz 80-89
Krzaczyna-Kowary/Buschvorwerk 74
Krzyżowa/Kreisau 186
Krzeszów/Grüssau 183-185
Kynast, Berg 128
Kynast, Burgruine/Chojnik 128-130
Kynwasser/Podzamcze 121

Labe/Elbe 13, 163
Laboranten 81
Łabski Szczyt/Veilchenspitze 163
Landeshut/Kamienna Góra 183
Landeshuter Kamm/Rudawy Janowickie 76, 77
Liebau/Lubawka 183
Löchel/Przełęcz Dołek 165
Lomnitz/Łomnica 13, 71-72
Łomniczka/Kleine Lomnitz 80, 84
Luční hora/Hochwiesenberg 168

Maciejowa/Maiwaldau 41
Mädelsteine/Śląskie Kamienie 165
Mały Staw/Kleiner Teich 95, 167
Mały Szyszak/Kleine Sturmhaube 166
Mannsteine/Czeskie Kamienie 110, 135, 165
Mariental/Marysin 156, 158
Mauer/Pilchowice 13
Mauer, Talsperre 13
Melzergrund/D. Łomniczki 91, 93-94
Melzergrundbaude/Schr. nad Łomniczką 93
Michałowice/Kiesewald 144-147
Miłków/Arnsdorf 102-103
Mittagstein/Słonecznik 100, 166
Muldenberg 12
Mysłakowice/Zillertal-Erdmanns-dorf 103-106

Neuwelt-Paß/Przełęcz Szklarska 12
Neue Schl. Baude/Schr. na Hali Szrenickiej 160-161
Nimmersath/Zamek Niesytno 187
Niedźwlada/Dürre Kochel 146

Oberseidorf/Górna Sosnówka 113
Obri Důl/Riesengrund 168, 169
Ochsenkopf/Wołek 77
Orlinek/Teichmannbaude 85
Opferkessel 14-15

Pakoszów/Wernersdorf 137
Petersdorf/Piechowice 137-143
Pferdekopfsteine/Końskie Łby 161
Piastów/Kaiserwaldau 137
Piechowice/Petersdorf 137-143
Piekielna D./Höllental 136
Pielgrzymy/Dreisteine 100, 167
Pilchowice/Mauer 13
Płóczki/Querseiffen 80, 84
Podgórzyn/Giersdorf 115-117
Podzamcze/Kynwasser 121
Polana/Schlingelbaude 166
Prz. Dołek/Löchel 165
Prz. Karkonoska/Spindlerpaß 12, 166
Prz. Kowarska/Schmiedeberger Paß
    76, 77
Prz. Okraj/Grenzbauden 12, 77, 78
Prz. Sowia/Eulenpaß 101, 171
Prz. Szklarska/Neuwelt-Paß 12
Przesieka/Hain 117-121
Prinz-Heinrich-Baude 166

Quargsteine/Twarożnik 163
Querseiffen/Płóczki 80, 84
Quirl/Kostrzyca 75

Raben-Steine/Krucze Skały 86
Reifträger/Szrenica 157, 161, 162
Reifträgerbaude/Schr. na Szrenicy
    161
Riesengebirgs-Nationalpark 18-19
Riesengebirgs-Verein (RGV) 30-31,
    159
Riesengrund/Obrí důl 168, 169
Riesenkamm/Czarny Grzbiet 170
Rotes Wasser/Czerwień 110
Równia pod Śnieżką/Koppenplan
    168
Rübezahl-Jugendkammhaus/Schr.
    Odrodzenie 166
Rudawy Janowickie/Landeshuter
    Kamm 76, 77
Ruhberg, Schloß/Ciszyca 75

Saalberg/Zachełmie 121-123
Salzbrunn, Bad/Szczawno Zdrój 130
Sausteine/Trzy Świnki 163
Ściegny/Steinseiffen 79
Schildau 41, 176
Schlesierhaus/Schr. pod Śnieżką 94,
    164
Schlingelbaude/Polana 166
Schmiedeberg/Kowary 72-78
Schmiedeberger Kamm/Grzbiet
    Kowarski 78
Schmiedeberger Paß/Prz. Kowarska
    76, 77
Schneegruben/Śnieżne Kotły 107,
    164
Schneegrubenbaude/Schr. nad
    Śnieżnymi Kotłami 107, 164
Schneegrubenwasser/Wrzosówka
    130
Schneekoppe/Śnieżka 89-91, 106,
    169, 170
Schömberg/Chetmsko Śl. 185
Schreiberhau/Szklarska Poręba
    148-155
Schr. nad Łomniczką/Melzergrund-
    baude 93
Schr. nad Śnieżnymi Kotłami/
    Schneegrubenbaude 107, 164
Schr. na Hali Szrenickiej/Neue
    Schles. Baude 160-161
Schr. na Szrenicy/Reifträgerbaude
    161
Schr. Odrodzenie/Rübezahl-
    Jugendkammhaus 166
Schr. pod Łabskim Szczytem/
    Alte Schles. Baude 134
Schr. pod Śnieżką/Schlesierhaus 94,
    169
Schr. Samotnia/Kleine Teichbaude
    95, 97
Schr. Strzecha Akademicka/
    Hampelbaude 95
Schwarze Koppe/Czarna Kopa 170

INDEX **217**

Schwarzer Paß/Czarna Przełęcz 136
Schweidnitz/Świdnica 182
Schweinhaus/Zamek Świny 187
Schweizerhaus/Szwajcarka 77
Schwertburg/Zamek Świecie 187
Seidorf/Sosnówka 110-113
Seiffengrube/Biały Jar 94-95
Seiffenlehne/Złotówka 84, 87
Siedlęcin/Boberröhrsdorf 188, 189
Skalnik/Friesensteine 77
Skalny Stół/Tafelstein 78
Śląskie Kamienie/Mädelsteine 165
Słonecznik/Mittagstein 100, 166
Śmielec/Gr. Sturmhaube 136, 165
Śnieżka/Schneekoppe 89-91, 106,
  169, 170
Śnieżne Kotły/Schneegruben 107,
  164
Sobieszów-Jelenia Góra/Hermsdorf
  zu Hirschberg 126-128
Sopot/Hüttenwasser 130
Sosnówka/Seidorf 110-113
Sowia Dolina/Eulengrund 171
Spindlerpaß/Prz. Karkonoska 166
Stangenberg/Grodna 113
Staniszów/Stonsdorf 113
Stara Kamienica/Alt-Kemnitz 28
Steinboden 168
Steinseiffen/Ściegny 79
Stirnberg/Czoło 112
Stonsdorf/Staniszów 113
Straupitz/Strupice 41
Studničná hora/Brunnberg 168,
  169
Sühnekreuze 52-53
Świdnica/Schweidnitz 182
Świeradów Zdr./Flinsberg, Bad
  157
Świnki/Sausteine 163
Szklarska Poręba/Schreiberhau
  148-155
Szrenica/Reifträger 157, 161, 162
Szwajcarka/Schweizerhaus 77

Tafelstein/Skalny Stół 78
Tannenbaude/Jedlinki 78
Teichmannbaude/Orlinek 85
Torfmooren 15, 170
Trebnitz/Trzebnica 24
Trzy Jawory/Drei Ahorne 136, 144
Tzschocha (Burg)/Zamek Czocha
  187, 188
Twarożnik/Quargsteine 163

Veilchenspitze/Łabski Szczyt 163

Wallonenstein 122-123
Wallonnen 26-27, 120, 122-123
Wang, Kirche (Brückenberg) 81-84
Warmbrunn/Jelenia Góra-Cieplice
  57-65
Warmbrunner Tal/Kotlina Cieplicka
  57, 66
Weißbachtal/Biała Dolina 158
Wernersdorf/Pakoszów-Piechowice
  137
Wielki Staw/Gr. Teich 166
Wielki Szyszak/Hohes Rad 136, 165
Wilcza Poręba-Karpacz/Wolfshau-
  Krummhübel 80, 84, 101
Wodospad Kamieńczyka/Zackelfall
  156
Wodospad Łaby/Elbfall 13
Wodospad Podgórnej/Hainfall 113,
  120
Wodospad Szklarki/Kochelfall 13,
  143, 157
Wolfshau-Krummhübel/Wilcza
  Poręba-Karpacz 80, 84, 101
Wołek/Ochsenkopf 77
Wrocław/Breslau 29
Wrzosówka/Schneegrubenwasser
  130

Zachełmie/Saalberg 121-123
Zackelfall/Wodospad Kamieńczyka
  156

Zacken/Kamienna 12, 136
Zamek Bolczów/Bolzenschloß 77
Zamek Gryf/Burgruine Greif 187
Zamek Książ/Schloß Fürstenstein
   182
Zamek Niesytno/Nimmersath 187
Zamek Świny/Schweinhaus 187
Zbójeckie Skały/Formsteine 142,
   158

Ziegenbrücke/Kozi Mostek 96
Ziegenrücken/Kozi hřbety 165
Zillertal-Erdmannsdorf/
   Mysłakowice 103–106
Złotówka/Seiffenlehne 84, 87
Źrodła Łaby/Elbquelle 13, 16

ⓁⒹ Laumann Reiseführer

Herausgeberin:
Mariola Malerek

Nach Öffnung der Grenzen zu unseren östlichen Nachbarn werden diese Länder mit ihren landschaftlichen Schönheiten und Sehenswürdigkeiten in Kunst und Kultur mehr und mehr zu beliebten Reisezielen.

Der Laumann-Verlag, Spezialist für Ost-Literatur, bietet mit dieser neuen Reihe einen informativen, praktischen Reisebegleiter in dem handlichen Format von 12 x 19 cm und einem Umfang von 150 bis 290 Seiten.

Von Fachautoren vor Ort recherchiert, enthält jeder Reiseführer:

- reiche Bebilderung mit zahlreichen brillanten Farbabbildungen;
- zweisprachige Karten und Stadtpläne;
- Vorschläge für Rundgänge und Besichtigungen;
- fundierte Hintergrundinformationen wichtiger Bau- und Kunstdenkmäler sowie historischer Abläufe;
- Verzeichnis wichtiger Anschriften, Hotels, Übernachtungsmöglichkeiten und Telefonnummern;
- praktische Reisehinweise;
- deutsch-polnisches, deutsch-tschechisches, deutsch-slowakisches, deutsch-russisches Brevier wichtiger Ausdrücke, Redewendungen und häufig anzutreffender Schilder.

Reisewege
zu historischen
Stätten in
Niederschlesien

ISBN
3-87466-251-9

Isergebirge

ISBN
3-87466-235-7

Laumann Reiseführer Herausgeberin: Mariola Malerek

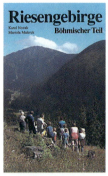

Riesengebirge Böhmischer Teil

ISBN
3-87466-172-5

Riesengebirge Schlesischer Teil

ISBN
3-87466-131-8

Breslau und Umgebung

ISBN
3-87466-169-5

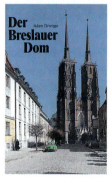

Der Breslauer Dom

ISBN
3-87466-221-7

Kloster Grüssau

ISBN
3-87466-222-5

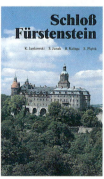

Schloß Fürstenstein

ISBN
3-87466-207-1

Laumann Reiseführer

Herausgeberin: Mariola Malerek

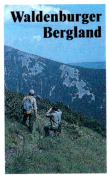

Waldenburger Bergland

ISBN
3-87466-238-1

Glatzer Bergland

ISBN
3-87466-234-9

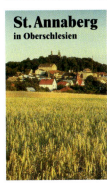

St. Annaberg
in Oberschlesien

ISBN
3-87466-223-3

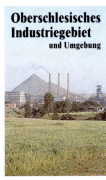

Oberschlesisches Industriegebiet und Umgebung

ISBN
3-87466-243-8

Schlesische Beskiden

ISBN
3-87466-177-6

Die Marienkirche in Krakau

ISBN
3-87466-188-1

Laumann Reiseführer

Herausgeberin:
Mariola Malerek

Hohe Tatra und Zakopane

ISBN
3-87466-189-X

Stettin und Umgebung

ISBN
3-87466-180-6

Danzig und Umgebung

ISBN
3-87466-171-7

Marienkirche in Danzig

ISBN
3-87466-187-3

Kathedrale in Oliva

ISBN
3-87466-225-X

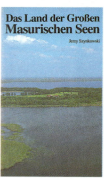

Das Land der Großen Masurischen Seen

ISBN
3-87466-168-7

Laumann Reiseführer

Herausgeberin:
Mariola Malerek

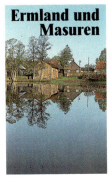

Ermland und Masuren

ISBN
3-87466-173-3

**Marienburg
Elbing
Frauenburg**

ISBN
3-87466-182-2

**Königsberg
und
Umgebung**

ISBN
3-87466-185-7

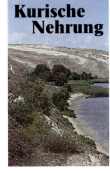

**Kurische
Nehrung**

ISBN
3-87466-226-8

**Warschau und
Umgebung**

ISBN
3-87466-253-5

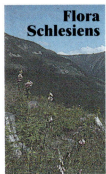

**Flora
Schlesiens**

ISBN
3-87466-252-7

Laumann Reiseführer

Herausgeberin: Mariola Malerek

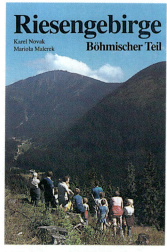

Riesengebirge
Böhmischer Teil

ISBN 3-87466-172-5

Das RIESENGEBIRGE als höchstes Gebirge Böhmens mit dem Wahrzeichen der Schneekoppe, seinen zahlreichen Bädern und Luftkurorten sowie einer guten Infrastruktur für Sommer- und Winterurlauber ist Ausflugs- und Urlaubsziel zahlreicher Touristen. Wer nach vielen Jahren der Abwesenheit seine alte Heimat wiedersieht oder wer dem Riesengebirge zum ersten Mal einen Besuch abstattet, hat gern einen Reisebegleiter bei sich. Das Buch RIESENGEBIRGE – BÖHMISCHER TEIL bietet sich als solcher an. Es beinhaltet:

- allgemeine Angaben über Geologie, Klima, Pflanzen- und Tierwelt und über die Geschichte des Riesengebirges;
- Informationen über Ortschaften und Wanderwege;
- eine Karte des Riesengebirges mit Wanderwegen sowie vier Stadtpläne;
- ein Verzeichnis wichtiger Anschriften, Adressen und Telefonnummern sowie ein Verzeichnis wichtiger Ausdrücke, Redewendungen und häufig anzutreffender Hinweistafeln.

Laumann-Verlag
Postfach 1461 · D-48235 Dülmen · Telefon (02594) 9434-0 · Fax (02594) 2998